인성과
직업윤리

Personality & Vocational Ethics

PREFACE

토마스 카알라일(Tomas Carlye)의 말처럼 노동은 삶이다. 그러므로 우리는 일을 통해 삶을 살아 간다. 일의 모습과 형태는 시기에 따라 다르지만 개인의 노력과 의지가 투입되고 그에 따른 결과 를 만들어 낸다는 점에서 어느 시기에나 노동은 의미를 가진다. 특히 성인이 되어서 이뤄지는 노 동은 개인의 삶 뿐 아니라 타인의 삶에게도 직, 간접적 영향을 미치기에 우리는 노동의 의미를 생 각해야 한다.

뉴잉글랜드에 정착한 청교도 이주민들에게 생존을 위한 것이라며 정치가 존 윈스럽(John Win-throp)은 이렇게 호소했다.

"일을 할 때 우리는 마치 한 사람인 것처럼 엮여야 한다. 서로를 형제처럼 대하고, 사치를 줄이고, 필요한 다른 사람에게 양보해야 한다. 부드러움과 점잖음, 기다림과 아량 속에서 서로의 친근한 거 래를 이어 가야한다. 함께 기쁨을 나누고, 서로의 처지를 이해하며, 즐거움과 슬픔도 함께하며, 같 이 일하고 같이 힘들어야 한다."

실제 청교도 이주민들은 목숨을 걸고 노동을 했다. 그들에게 노동은 돈을 벌고, 더 잘 살기 위한 수단이 아닌 생존을 위한 몸부림이었던 것이다. 물론 오늘날의 노동은 그 때와는 다르다. 이제 직 업 속의 노동은 개인과 사회의 생존을 넘어 인류의 번영을 위해서 중요하다.

사회는 개인의 노동의 책임과 역할을 수행할 때에만 문제없이 돌아간다. 그러나 개개인의 노동 에서 문제가 생기면 개인과 조직, 공동체의 생존은 위협을 받게 된다. 문제는 대개 노동 속에 윤리 의식이 결여될 때 발생된다. 직업 속 노동에 깃들어야 할 신성한 윤리를 저버릴 때 우리가 감내해야 했던 결과들을 수 많은 사건, 사고의 경험을 통해 잘 알고 있다.

우리는 기술의 급변과 급격한 변화에 둘러 쌓여 살아가고 있다. 숨가쁘게 달려오면서 효율성과 양적인 성공을 추구해왔다. 뒤처지지 않기 위해 경쟁해야 했고, 더 잘 살기 위해 앞만 봐야 했다. 그 러나 우리의 직업과 일은 그 이상의 의미를 가지고 있음을 기억해야 한다. 나와 우리 모두의 더 좋 은 삶을 위해 직업윤리를 잊어서는 안된다. 직업윤리는 개인의 행복과 조직의 번영을 위해 직장 생 활에서 가장 기초가 되는 능력이기 때문이다.

윤리는 사회를 구성하는 기본 요소다. 또한 직장 생활과 사회생활의 기초가 되는 뿌리이다. 이제 는 생산성, 효율성, 속도와 경쟁을 넘어 어떻게 일할 것인가?에 대해 생각해야 한다. 특히 어떻게 함께 일할 것인가?에 대해 진지하게 생각해 봐야 한다. 그리고 그 과정에서 윤리가 그 역할을 발휘 할 수 있도록 사유와 성찰, 무엇보다 의식적인 학습이 필요하다. 직업윤리를 배양하고 직장과 삶 에서 개인과 모두의 윤리의식을 실천하고자한 의도에서 이 책은 작성되었으며 크게 4가지 파트로 나눠져 있다.

PART 1 국가직무능력표준(NCS)과 직업기초능력에서는 직업윤리의 기반이 되는 국가직무능력표준(NCS)과 직업기초능력에 대한 개념을 학습한다. 직장과 사회에서 요구하는 다양한 능력과 특성 등의 개념에 대한 이해를 바탕으로 직업기초능력을 실천할 수 있는 역량을 갖출 수 있도록 10가지 직업기초능력의 개념과 하위능력을 소개한다.

　PART 2 직업윤리와 일에서는 성공적이고 지속 가능한 삶을 위해 윤리와 직업윤리의 이해를 바탕으로 일의 의미를 살펴보고, 미래의 일자리를 학습한다. 윤리와 직업윤리의 개념, 직업과 일의 의미, 일에 대한 다양한 관점, 미래의 일자리의 변화가 미칠 영향에 대해 다루게 된다.

　PART 3 근로윤리에서는 원만한 직업생활을 위해 직업인이 갖추어야 할 직업윤리 중에서 근면과 감사, 정직과 성실, 잡 크래프팅을 학습한다. '어떻게 일할 것인가?'에 대한 질문을 바탕으로 근면한 태도와 감사의 자세, 정직과 성실, 잡 크래프팅을 살펴보고 이를 실천할 수 있는 방법을 제시하고 있다.

　PART 4 공동체윤리에서는 원만한 직업생활을 위해 직업인이 갖추어야 할 직업윤리 중에서 봉사, 책임의식, 준법성, 신뢰, 조직문화 만들기, 직장 예절 매너 및 에티켓 등의 공동체윤리 학습한다. '어떻게 함께 일할 것인가?'에 대한 고민과 함께 봉사, 책임의식, 준법성, 신뢰, 조직문화, 실제적인 직장예절에 대해 다루게 된다.

　직업윤리의 각 장은 〔세부목차〕 - 〔사전 질문〕 - 〔들어가기〕 - 〔내용〕 - 〔Level up Mission〕 - 〔퀴즈〕 - 〔요약〕 순으로 구성되었다. 직업윤리는 이론적 접근보다는 개인의 삶을 개발하기 위해 적용하는 실천적 영역이기 때문에 교수자와 학습자가 함께 나누고 성찰하는 방식을 제안한다. 일방적인 강의 내용에 전달이 아닌 학습자 간 활발한 토의와 교수자와의 공유를 통해 사고의 폭을 넓히고자 했다. 무엇보다 각 장마다 미션 활동을 넣어 작성하는 과정에서 지식적 이론이 아닌 실천이 될 수 있도록 했다.
　예비 사회인으로서 요구되는 기본적인 근로윤리와 공동체 유지 발전에 필요한 윤리를 이해하여 실천하고 적용하는데 도움이 되기를 바란다.

2021년 2월
저자 일동

☑ 체크리스트

다음은 모든 직업인에게 공통적으로 요구되는 직업윤리 수준을 스스로 알아볼 수 있는 체크리스트이다. 본인의 평소 행동을 잘 생각해 보고, 행동과 일치하는 것에 체크해 보시오.

문항	그렇지 않은 편이다.	그저 그렇다.	그런 편이다.
1. 나는 사람과 사람 사이에 지켜야 할 도리를 지킨다.	1	2	3
2. 나는 시대와 사회 상황이 요구하는 윤리규범을 알고 적절히 대처한다.	1	2	3
3. 나는 나의 삶에서 직업이 큰 의미가 있으며 중요하다고 생각한다.	1	2	3
4. 나는 업무를 수행하는 중에는 개인으로서가 아니라 직업인으로서 지켜야 할 역할을 더 중요하게 생각한다.	1	2	3
5. 나는 내가 세운 목표를 달성하기 위해 규칙적이고 부지런한 생활을 유지한다.	1	2	3
6. 나는 직업생활에서 정해진 시간을 준수하며 생활한다.	1	2	3
7. 나는 이익이 되는 일보다는 옳고 유익한 일을 하려고 한다.	1	2	3
8. 나는 일을 하는 데 있어 이익이 되더라도 윤리규범에 어긋나는 일은 지적하는 편이다.	1	2	3
9. 나는 조직 내에서 속이거나 숨김없이 참되고 바르게 행동하려 노력한다.	1	2	3
10. 나는 지킬 수 있는 약속만을 말하고 메모하여 지키려고 노력한다.	1	2	3
11. 나는 내가 맡은 일을 존중하고 자부심이 있으며, 정성을 다하여 처리한다.	1	2	3
12. 나는 건전한 직업활동을 위해 올바른 생활자세를 유지하고 심신을 단련하는 편이다.	1	2	3
13. 나는 내 업무보다 다른 사람의 업무가 중요할 때, 다른 사람의 업무도 적극적으로 도와주는 편이다.	1	2	3

문항	그렇지 않은 편이다.	그저 그렇다.	그런 편이다.
14. 나는 평소에 나 자신의 이익도 중요하지만, 국가, 사회, 기업의 이익도 중요하다고 생각하는 편이다.	1	2	3
15. 내가 속한 조직에 힘들고 어려운 일이 있으면 지시받기 전에 자율적으로 해결하려고 노력하는 편이다.	1	2	3
16. 내가 속한 조직에 주어진 업무는 제한된 시간까지 처리하려고 하는 편이다.	1	2	3
17. 나는 속한 조직에서 책임과 역할을 다하며, 자신의 권리를 보호하기 위해 노력한다.	1	2	3
18. 나는 업무를 수행함에 있어 조직의 규칙과 규범에 따라 업무를 수행하는 편이다.	1	2	3
19. 나는 조직생활에 있어서 공과 사를 구별하고 단정한 몸가짐을 하는 편이다.	1	2	3
20. 나는 질책보다는 칭찬이나 격려 등의 긍정적인 언행을 더욱 하는 편이다.	1	2	3

☑ 평가방법

체크리스트의 문항별로 자신이 체크한 결과를 아래 표를 이용해 해당 개수를 적어보자.

문항	수준	개수	학습모듈	교재 (Part)
1~4번	그렇지 않은 편이다.	( ) 개	직업윤리	Part 2
	그저 그렇다.	( ) 개		
	그런 편이다.	( ) 개		
5~12번	그렇지 않은 편이다.	( ) 개	근로윤리	Part 3
	그저 그렇다.	( ) 개		
	그런 편이다.	( ) 개		
13~20번	그렇지 않은 편이다.	( ) 개	공동체윤리	Part 4
	그저 그렇다.	( ) 개		
	그런 편이다.	( ) 개		

☑ 평가결과

진단방법에 따라 자신의 수준을 진단한 후, 한 문항이라도 '그렇지 않은 편이다'가 나오면 그 부분이 부족한 것이기 때문에, 제시된 학습내용과 교재 Part를 참조하여 해당하는 학습내용을 학습하시오.

CONTENTS

Chapter 03. 일의 이해

Chapter 04. 일의 미래

CONTENTS

Part 3 근로윤리

Chapter 05. 근면과 감사

Chapter 06. 정직과 성실

Chapter 07. 잡 크래프팅

CONTENTS

Part ④ 공동체윤리

Chapter 08. 봉사, 책임의식, 준법성

Chapter 09. 신뢰

Chapter 10. 서로의 성장을 돕는 조직문화

CONTENTS

Chapter 13. 직장예절3 (직장 내 괴롭힘, 성예절)

국가직무능력표준(NCS)과 직업기초능력

일반목표

직장과 사회에서 요구하는 다양한 능력과 특성, 개념에 대한 이해를 바탕으로 직업기초능력을 실천할 수 있는 역량을 기를 수 있다.

세부목표

· NCS의 개념과 개요를 말할 수 있다.
· 직업기초능력의 개념과 종류를 말할 수 있다.
· 직업기초능력의 하위능력을 구분할 수 있다.

핵심단어

NCS, 국가직무능력표준, 직업기초능력

1
PART

국가직무능력표준(NCS)과
직업기초능력

차례

학습목표

· NCS의 개념과 개요에 대해 말할 수 있다.
· NCS의 기대효과를 말할 수 있다.
· 직업기초능력의 개념을 설명할 수 있다.
· 직업기초능력의 종류를 구분할 수 있다.

핵심단어

국가직무능력표준, NCS, 직업기초능력, 하위능력

1
Chapter

들어가기

1. 빠른 시대변화에 NCS가 따라갈 수 있을까?

일부에서 NCS는 한 번 직무분석을 한 이후, 시대변화와 기술변화에 맞추어 실시간으로 업데이트할 수 없기 때문에 국가 차원에서 표준화한다는 것은 무리가 따른다고 지적하고 있다. 하지만 분명한 것은 NCS는 국가직무표준이 아니라 국가직무능력표준으로 핵심은 직무능력 즉, 그 일을 하는 데 있어서 필요한 능력을 추출했다는 것이다. 능력단위요소의 세부적인 지식, 기술 등의 명칭은 기술변화에 맞추어 지속적으로 업그레이드해야겠지만, NCS의 핵심인 일을 하는 데 필요한 직무능력인 행동들은 사람들의 우려처럼 그렇게 쉽게 바뀌지 않는다. 만약 세상이 변화함에 따라 능력의 기준과 내용이 금방 바뀐다면, 우리나라 교육기관, 학교는 왜 필요한 것일까? 인간이 기본적으로 갖추어야할 이론 및 철학이 있는 것처럼 일하기 위한 능력 역시 기본을 갖추어야 하며, 이에 대한 교육이 필요하기 때문이다. 기술변화에 따른 지식 등은 NCS 과정 안에 추가하여 교육과정을 설계할 수 있다.

2. NCS가 표준이기 때문에 경직화될 수 있다?

NCS가 내포한 '표준'이라는 용어와 성질 때문에 NCS를 활용한 각종 체계가 경직화될 우려가 있다는 주장도 있다. 하지만 지속적 업그레이드를 통해 얼마든지 기술변화에 유연하게 대응 가능하다. NCS 자체는 가치중립적인 개념으로 능력중심사회 DNA이자, 기본 인프라이다. 즉, NCS 자체보다는 구축된 인프라를 어떻게 활용하는지가 중요한데 정부의 활용지원 대책, 민간의 활용 의지, 우수사례 발굴전략 등 NCS 활용생태계가 잘 마련되어야 한다

3. NCS는 제조업에만 쓰이고 서비스업에는 안 맞다?

NCS는 한국고용직업분류(KECO)를 따르고 있어 제조업뿐 아니라 금융·보험, 문화·예술·디자인·방송, 정보통신 등 신성장산업을 포괄한다. 특히 일반 사무 관리직의 경우 「경영·회계·사무」, 「영업 및 판매」 대분류에 속하는 NCS로 충분히 적용 가능하고, 전자기술영업과 같이 일반사무 능력과 해당섹터(전자산업)에 대한 지식이 모두 필요한 경우에는 「영업 및 판매」 관련 NCS를 중심으로 전자산업에 속하는 NCS 모듈을 조합하여 활용 가능하다. 선진국의 NCS 개발을 전담하는 산업별 인자위는 서비스업 포함 전 산업분야에 구성되어 있다.

4. 우리나라는 직무중심의 노동시장이 아니므로 NCS가 안 맞다?

사실 우리나라가 직무 중심으로 인력을 양성·활용해온 경험이 일천한 것은 사실이다. 과거 개발경제 시대에는 Generalist 중심 인력운용도 효과적이었지만, 기술주기 단축, 글로벌 경쟁 심화 등이 화두인 지금 시점에서는 직무중심 노동시장으로 질적 전환을 이루어야 한다는 것이 전문가들의 공통된 의견이다. 아울러, 대·중소기업 간, 정규직·비정규직 간 지

나친 격차 해소를 위해서도 직무중심 노동시장(일·능력·성과와 괴리된 보상체계 개선)으로의 전환은 시급한 과제이다. 선진국의 경험에서 알 수 있듯 직무중심 노동시장으로 전환은 매우 어렵고 오랜 시간이 소요되는 과제로서, 노사합의가 상대적으로 용이한 인력 양성 분야부터 NCS를 활용하여 현장맞춤형 기술인재 배출 → 직무(역량)기준으로 인력을 관리하는 기업 증가 → 직무 노동시장으로 연착륙시킬 필요가 있다. 즉 NCS는 직무별 노동시장으로의 이행을 촉진하는 기제이므로, 직무중심의 유연한 노동시장이 될 수 있도록 모두 노력해야 할 것이다.

출처: 품질경영. 2020.11월호 중에서

사전질문

1. NCS의 개념에 대해 말할 수 있는가?

2. NCS의 기대효과는 무엇인가?

3. 직업기초능력은 무엇인가?

4. 직업기초능력의 10가지 종류는 무엇인가?

5. 직업기초능력의 하위능력을 구분할 수 있는가?

1. 국가직무능력표준 (NCS: National Competency Standards)

1) 국가직무능력표준 (NCS: National Competency Standards)

국가직무능력표준 (NCS, National Competency Standards)란 산업현장에서 직무를 수행하기 위해 요구되는 지식, 기술, 태도 등의 내용을 산업부문별로 국가가 체계화한 것을 의미한다.

〈 그림 1-1 〉 국가직무능력표준(NCS) 개념도

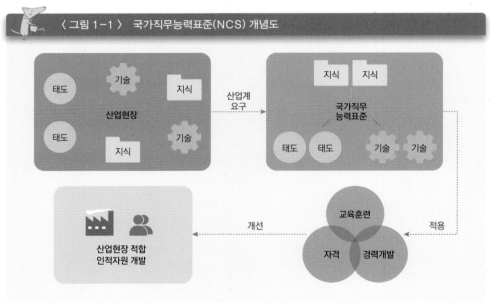

• 출처: NCS 홈페이지

NCS는 산업계가 현장 직무에서 요구하는 지식, 기술, 태도의 부분들을 국가가 NCS로 체계화하여 교육훈련과 자격제도, 경력개발 등에 적용하여 산업현장에 적합한 인재를 개발하는 데 그 목적이 있다.

2) 직무능력이란

능력은 어떤 일을 감당해 낼 수 있는 힘을 의미한다. NCS에서 말하는 능력은 일을 수행할 때 필요한 직업기초능력과 직무수행능력을 의미한다.

능력 : 직업기초능력 + 직무수행능력

직업기초능력은 직업인으로서 기본적으로 갖추어야 할 공통능력이다. 즉 어떤 직무에서 일을 하던지 상관없이 직장 생활과 사회생활을 하기 위해 갖춰야 할 기본적, 기초적인 능력을 의미한다.

직무능력이란 개인별 직무를 수행할 때 필요한 역량을 의미한다. 역량은 지식, 기술, 태도를 포함한다. 해당 분야의 일을 하기 위해 필요한 능력을 의미한다.

3) NCS의 필요성

NCS는 능력있는 인재를 개발하고, 국가와 산업계의 핵심인프라를 구축하며 나아가 국가 경쟁력을 향상시키기 위해 필요하다.

① 이론과 실무의 통합

이론중심이 아닌 실무중심 교육을 통해 현장의 실무형 인재를 키우기 위해서는 현장의 표준화된 체계가 필요

② 기업의 요구 반영

기업은 직무분석자료, 인적자원관리 도구, 인적자원개발 프로그램, 특화자격 신설 및 일자리 정보 제공을 원함

③ 현장에 맞는 훈련기관의 교육내용 편성

기업 및 교육훈련기관은 산업현장의 요구에 맞는 맞춤형 교육훈련과정을 개설하여 운영하기 원함

④ 능력중심사회 구현

학벌이나 스펙이 아닌 능력중심사회를 만들기 위해 NCS가 필요함

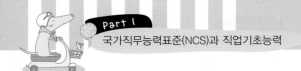
4) NCS 추진 경과

2002년에 일, 교육훈련 자격을 연계하기 위해 국가직무능력 표준 제도를 도입했다. 2010년, 국가직무능력 표준의 효율화 추진에 대해 국가정책조정회의 조정에 따라 NCS 명칭 통일 및 개발주체를 일원화가 이뤄졌다. 2013년, 능력중심사회를 위한 여건 조성이라는 핵심 국정 과제를 확정짓고 개발이 이어지고 있다.

5) NCS 활용범위

NCS는 기업체 및 직업교육훈련기관, 자격시험기관 등에서 활용하고 있다.

①기업체

• 현장의 수요 기반의 인력 채용 및 인사관리 기준
• NCS 요구 역량을 기반으로 한 근로자 경력개발에 활용
• 직무별 직무기술서 작성에 활용

②대학 및 교육훈련기관

• 현장 실무를 반영한 직업교육 훈련과정 개발에 활용
• 구체적 교수계획 및 매체, 교재 개발시 활용
• 훈련기준 및 평가기준 개발시 활용

③자격시험 기관

• NCS를 기반으로 한 자격종목의 신설통합 폐지의 기준으로 활용
• 출제기준 개발 및 개정
• 시험 문항 및 평가방법 선정시 활용

6) NCS의 분류

NCS의 분류는 직무의 유형을 중심으로 국가직무능력표준의 단계적 구성을 나타내는

것으로, 국가직무능력표준 개발의 전체적인 로드맵을 제시하고 있다.

한국고용직업분류(KECO: Korea Employment Classification of Occupations)를 참고하여 분류하였으며 '대분류(24)-중분류(80)-소분류(257)-세분류(1,022)'의 순으로 구성되었다.

분류 마련을 위해 직업분류, 산업분류 및 자격분류 전문가, 해당 산업 분야의 전문가를 대상으로 의견수렴 방법을 통해 직종구조분석을 시행했다.

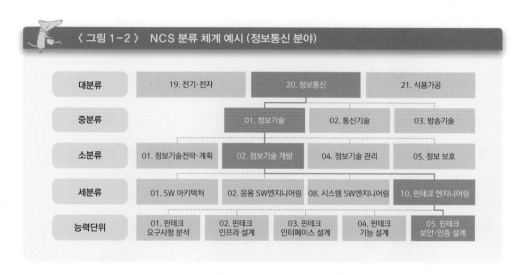

〈 그림 1 - 2 〉 NCS 분류 체계 예시 (정보통신 분야)

Level up Mission 1

☎ NCS 홈페이지에서 본인이 관심 있는 분야의 NCS의 세분류를 검색해보고 세분류에 포함된 능력단위 종류를 살펴본 후 이를 팀원들과 공유해 보자.

2. 직업기초능력

1) 직업기초능력의 개념

직업기초능력은 연구자나 목적, 대상에 따라 다양한 명칭으로 불리고 있다. 일반적으로 직업기초능력은 직업능력의 하위 영역으로 분류하고 있는데 먼저 직업능력은 '특정 직업에서 또는 대부분의 직업에서 일정한 직무를 수행하는 데 필요한 능력'으로 정의하고 있다.

직무수행능력은 '특정 직종에서 직무를 수행하는 데 필요한 능력'을 의미하며, 직업기초능력을 '대부분의 직종에서 직무를 수행하는 데 기본적으로 필요한 능력'이라고 정의하고 있다. 관련해서 직업기초능력은 학자에 따라 '고용주에게는 피고용인을 가치 있게 만들고, 소비자에게는 고용주를 가치 있게 만드는 성취', '무엇을 알고 있는가 보다 무엇을 할 수 있는가'를 강조한 개념이며 지적 또는 육체적인 업무를 성공적으로 성취할 수 있는 정도를 나타낸다고 하기도 하며, 한 근로자가 직업에서 업무를 성공적으로 수행하기 위하여 요구되는 능력(지식, 기술, 태도)으로 정의하고 있다.

NCS에서는 직업기초능력을 모든 사업 혹은 직업에서 기업체의 특성, 성별, 직급 등에 관계없이 직무를 성공적으로 수행하기 위하여 필요한 기초적인 능력으로 의미한다.

2) 직업기초능력의 종류

NCS에서는 10가지로 직업기초능력을 구분하여 제시하고 있으며 그 개념은 [표 1-1]과 같다.

3) 직업기초능력의 하위요소

각 직업기초능력의 하위요소와 하위요소의 정의는 [표 1-2]와 같다.

[표 1-1] NCS 직업기초능력의 정의

구분	개념
의사소통능력	업무를 수행함에 있어 글과 말을 읽고 들음으로써 다른 사람이 뜻한 바를 파악하고, 자기가 뜻한 바를 글과 말을 통해 정확하게 쓰거나 말하는 능력이다.
자원관리능력	업무를 수행하는데 시간, 자본, 재료 및 시설, 인적자원 등의 자원 가운데 무엇이 얼마나 필요한지를 확인하고, 이용 가능한 자원을 최대한 수집하여 실제 업무에 어떻게 활용할 것인지를 계획하고, 계획대로 업무 수행에 이를 할당하는 능력이다.
문제해결능력	업무를 수행함에 있어 문제 상황이 발생하였을 경우, 창조적이고 논리적인 사고를 통하여 이를 올바르게 인식하고 적절히 해결하는 능력이다.
정보능력	업무와 관련된 정보를 수집하고, 이를 분석하여 의미있는 정보를 찾아내며, 의미있는 정보를 업무 수행에 적절하도록 조직하고, 조직된 정보를 관리하며, 업무 수행에 이러한 정보를 활용하고, 제조 과정에 컴퓨터를 사용하는 능력이다.
조직이해능력	업무를 원활하게 수행하기 위해 국제적인 추세를 포함하여 조직의 체제와 경영에 대해 이해하는 능력이다.
수리능력	업무를 수행함에 있어 사칙연산, 통계, 확률의 의미를 정확하게 이해하고, 이를 업무에 적용하는 능력이다.
자기개발능력	업무를 추진하는데 스스로를 관리하고 개발하는 능력이다.
대인관계능력	업무를 수행함에 있어 접촉하게 되는 사람들과 문제를 일으키지 않고 원만하게 지내는 능력이다.
기술능력	업무를 수행함에 있어 도구, 장치 등을 포함하여 필요한 기술에는 어떠한 것들이 있는지 이해하고, 실제로 업무를 수행함에 있어 적절한 기술을 선택하여 적용하는 능력이다.
직업윤리	업무를 수행함에 있어 원만한 직업생활을 위해 필요한 태도, 매너, 올바른 직업관이다.

[표 1-2] NCS 직업기초능력 하위요소

직업기초능력	하위 요소
의사소통능력	문서이해능력, 문서작성능력, 경청능력, 의사표현능력, 기초외국어 능력
자원관리능력	시간관리능력, 예산관리능력, 물적자원관리능력, 인적자원관리능력
문제해결능력	사고력, 문제처리능력
정보능력	컴퓨터 활용능력, 정보처리능력
조직이해능력	국제감각능력, 조직체제이해능력, 경영이해능력, 업무이해능력
수리능력	기초연산능력, 기초통계능력, 도표분석능력, 도표작성능력
자기개발능력	자아인식능력, 자기관리능력, 경력개발능력
대인관계능력	팀워크능력, 리더십능력, 갈등관리능력, 협상능력, 고객서비스능력
기술능력	기술이해능력, 기술선택능력, 기술적응능력
직업윤리	근로윤리, 공동체윤리

①의사소통능력

• 문서이해능력: 직장 생활에서 필요한 문서를 확인하고, 읽고, 이해하고, 요점을 파악하는 능력
• 문서작성능력: 목적과 상황에 알맞은 아이디어와 정보를 전달할 수 있는 문서를 작성하는 능력
• 경청능력: 직장 생활에서 다른 사람의 말을 주의 깊게 들으며 공감하는 능력
• 의사표현능력: 목적과 상황에 맞는 말과 비언어적 행동을 통해서 아이디어와 정보를 효과적으로 전달하는 능력

• 기초외국어 능력: 외국어로 작성된 간단한 자료를 이해하고 외국인의 간단한 의사표
현을 이해하는 능력

②자원관리능력

• 시간 관리능력: 기업 활동에서 필요한 시간자원을 파악하고, 사용 가능한 시간자원을
최대한 확보하여 업무에 어떻게 활용할 것인가를 계획하고 활용하는 능력

• 예산 관리능력: 기업 활동에서 필요한 예산을 파악하고, 사용 가능한 예산을 최대한
확보하여 업무에 활용계획을 수립하고, 효율적으로 집행하여 관리하는 능력

• 물적자원 관리능력: 기업 활동에서 필요한 물적자원을 파악하고, 사용 가능한 물적자
원을 최대한 확보하여 활용계획을 수립하고, 효율적으로 집행하여 관리하는 능력

• 인적자원 관리능력: 기업 활동에서 필요한 인적자원을 파악하고, 사용 가능한 인적자
원을 최대한 확보하여 활용계획을 수립하고, 효율적으로 집행하여 관리하는 능력

③문제해결능력

• 사고력: 발생한 문제를 인식하고 해결함에 있어 창의적, 논리적으로 생각하는 능력

• 문제처리능력: 문제의 특성을 파악하고, 대안을 제시 및 선택, 적용하며, 그 결과를 평
가하여 피드백하는 능력

④정보능력

• 컴퓨터 활용능력: 업무 수행 시에 필요한 정보를 수집, 분석, 조직, 관리, 활용하는데
있어 컴퓨터를 사용하는 능력

• 정보처리능력: 업무 수행에 필요한 정보를 수집하고 분석하여 의미 있는 정보를 찾아
내며, 이를 업무 수행에 적절하도록 활용하는 능력

⑤조직이해능력

• 경영이해능력: 직장 생활에 필요한 조직의 경영목표와 경영방법을 이해하는 능력

• 조직체제이해능력: 조직의 구조와 목적, 규칙, 규정 등을 이해하는 능력

• 업무이해능력: 업무의 성격과 내용을 알고 필요한 지식, 기술, 행동을 확인하는 능력

•국제감각: 다른 나라의 문화를 이해하고 국제적인 동향을 이해하는 능력

⑥수리능력

•기초연산능력: 기초적인 사칙연산과 계산방법을 이해하고 활용하는 능력

•기초통계능력: 평균, 합계, 빈도와 같은 필요한 기초수준의 자료 정리를 실행하고 자료의 경향과 특성을 파악하는 능력

•도표분석능력: 도표(그림, 표, 그래프 등)의 의미를 파악하고 필요한 정보를 해석하는 능력

•도표작성능력: 도표(그림, 표, 그래프 등)를 이용하여 도표를 효과적으로 제시하는 능력

⑦ 자기개발능력

•자아인식능력: 자신의 흥미, 특성 등의 이해를 기반으로 자기정체감을 형성하는 능력

•자기관리능력: 자신의 행동 및 업무 수행을 통제하고 관리하며 합리적이고 균형적으로 조정하는 능력

•경력개발능력: 자신의 진로에 대한 단계적 목표를 설정하고, 목표성취에 필요한 역량을 개발해 나가는 능력

⑧대인관계능력

•팀워크능력: 공동의 목적을 달성하기 위하여 서로 협력하여 업무를 수행하는 능력

•리더십능력: 업무를 수행함에 있어 다른 사람을 이끄는 능력

•갈등관리능력: 업무 수행 시에 발생하는 갈등을 원만히 해결하는 능력

•협상능력: 다른 사람과 협상하는 능력

•고객서비스능력: 고객의 요구를 만족시키는 자세로 업무를 수행하는 능력

⑨기술능력

•기술이해능력: 직장 생활에서 필요한 기본적인 기술의 원리와 절차를 이해하는능력

•기술선택능력: 직장 생활에서 필요한 기술을 선택하는 능력

•기술적용능력: 직장 생활에서 선택한 기술을 실제로 적용하는 능력

⑩직업윤리

• 근로윤리: 일에 대한 존중 그리고 근면하고 성실하며 정직하게 업무에 임하는 자세

• 공동체윤리: 인간적인 존중을 바탕으로 봉사하고 규칙을 준수하면서 책임감을 갖고 바른 태도로 업무에 임하는 자세

 Level up Mission 2

🐾 자신이 관심을 가지고 있는 분야에서 요구되어지는 직업기초능력의 하위능력들과 왜 그러한 하위능력이 요구되어지는지 자신의 생각을 정리하고, 이를 팀원들과 공유해 보자.

학습평가 Quiz

1. 다음 중 괄호 안에 들어갈 말은 무엇인가?

> (   )란 산업현장에서 직무를 수행하기 위해 요구되는 지식, 기술, 태도 등의 내용을 산업부문별로 국가가 체계화한 것을 의미한다.

① 직업기초능력   ② 직무
③ 능력단위   ④ 국가직무능력표준

2. 국가직무능력표준(NCS)의 필요성에 해당하지 않는 것은?

① 이론과 실무의 통합   ② 학교의 요구 반영
③ 현장에 맞는 훈련기관의 교육내용 편성   ④ 능력중심사회 구현

3. '특정 직업에서 또는 대부분의 직업에서 일정한 직무를 수행하는 데 필요한 능력'을 무엇이라 하는가?

① 국가직무능력표준(NCS)   ② 직업윤리
③ 직업기초능력   ④ 기술능력

4. 다음 중 10가지 직업기초능력에 포함되지 않는 것은 무엇인가?

① 정보능력   ② 팀워크능력
③ 직업윤리   ④ 기술능력

5. 다음 중 대인관계능력의 하위능력이 아닌 것은 무엇인가?

① 팀워크능력   ② 조직이해능력
③ 협상능력   ④ 리더십능력

학습내용 요약 Review

1. 국가직무능력표준(NCS, National Competency Standards)란 산업현장에서 직무를 수행하기 위해 요구되는 지식, 기술, 태도 등의 내용을 산업부문별로 국가가 체계화한 것을 의미한다.

2. NCS를 통한 기대효과는 직업교육, 훈련 및 작업제도가 산업현장의 직무와 불일치로 인한 사회적 비용을 줄이고 산업현장 중심의 인적자원을 개발하는 것이다. 또한 능력중심사회 구현을 위한 핵심인프라를 구축하고 고용과 평생직업능력개발 연계를 통해 국가경쟁력을 향상시키는 것이다.

3. 직업기초능력이란 모든 사업 혹은 직업에서 기업체의 특성, 성별, 직급 등에 관계없이 직무를 성공적으로 수행하기 위하여 필요한 기초적인 능력을 의미하며 종류로는 의사소통능력, 수리능력, 문제해결능력, 자기개발능력, 자원관리능력, 대인관계능력, 정보능력, 기술능력, 조직이해능력, 직업윤리가 있다.

 스스로 적어보는 오늘 교육의 메모

직업윤리와 일

일반목표

성공적이고 지속 가능한 삶을 위해 윤리와 직업윤리의 이해를 바탕으로 일의 의미를 살펴보고, 미래의 일자리를 준비할 수 있다.

세부목표

· 윤리와 직업윤리의 개념을 말할 수 있다.
· 직업과 일의 의미, 다양한 관점을 말할 수 있다.
· 미래의 일자리의 변화에 대해 말할 수 있다.

핵심단어

윤리, 직업윤리, 윤리의 필요성, 일의 의미, 일의 관점, 미래의 일자리, 프로티언 경력태도

2
PART

직업윤리의 이해

학습목표

· 윤리의 의미를 말할 수 있다.
· 윤리의 필요성을 인식할 수 있다.
· 윤리의 특징을 이해하고 말할 수 있다.
· 직업윤리의 개념을 이해하고 하위능력을 구분할 수 있다.

핵심단어

윤리, 직업윤리, 근로윤리, 공동체윤리

2
Chapter

직업윤리가 중요한 이유

한국고용정보원에서 대학 재학생 600명과 기업 인사담당자 100명에게 '취업할 때 어떤 역량이 더 중요한지'를 물어보았습니다. 대학생들은 취업에 가장 필요한 자질로 외국어 능력을 꼽았지만, 기업 인사담당자들은 직업윤리를 가장 중요하게 여겼습니다.

기업의 입장에서 구직자가 직업윤리, 즉 자신의 일에 책임을 다하는 태도는 그만큼 중요하기 때문입니다. 하지만 이 자료를 보면 취업을 준비하는 학생들은 직업윤리의 중요성을 잘 느끼지 못하고 있는 것 같습니다.

그렇다면 많은 직업인이 중요하게 생각하고 있는 직업윤리란 정확히 무엇일까요? 직업윤리의 사전적 의미는 '특정 직업에 종사하는 사람들이 지켜야 하는 행동 규칙'입니다. 좀 더 구체적으로 직업윤리에는 자기가 맡은 일에 책임감을 느끼고 성실하게 일을 해야 한다는 것이 있습니다. 자녀가 이해하기 어려워한다면 주변에서 쉽게 만날 수 있는 직업을 예로 들어 소개해주세요. 쉬운 예로 선생님의 직업윤리는 '학생을 신뢰하며 진정한 성장을 도와야 한다.'입니다.

현대사회는 분업화를 통해 수많은 사람이 함께 일을 하고 있습니다. 의료, 금융, 언론 등 우리가 잘 알지 못하거나 직접 통제하지 못하는 영역을 맡은 사람들에게 항상 도움을 받으며 살아가야 하기 때문에 직업윤리의 실천은 아주 중요합니다. 그리고 다양한 사람들이 각자의 직업윤리를 지키고 있다는 믿음은 사회가 유지되는 바탕이 됩니다. 오늘은 자녀가 미래에 되고 싶어 하는 직업인은 어떠한 직업윤리를 가져야 할지 함께 생각해보시면 어떨까요? 이러한 고민이 자녀의 책임감을 다질 수 있는 계기가 될 수 있습니다.

출처: 한국경제, 2015.03

1. 윤리란 무엇인가?

2. 윤리의 필요성과 중요성은 무엇인가?

3. 윤리의 특징은 무엇인가?

4. 직업윤리의 개념은 무엇인가?

5. 직업윤리의 하위능력 2가지는 무엇인가?

1. 윤리의 개념

1) 윤리(倫理)의 의미

倫

두 가지 뜻을 가지고 있다. 동료, 친구, 무리, 또래 등의 인간 집단 등을 뜻하기도 하고, 길, 도리, 질서, 차례, 법(法) 등을 뜻하기도 한다. 결국 '倫'이란 인간관계에 있어 필요한 길, 도리, 질서를 의미한다고 볼 수 있다.

理

다스린다(治), 바르다(正), 원리(原理), 이치(理致), 또 나아가서는 가리다(판단 判斷), 밝히다(해명 解明), 명백(明白)하다 등의 여러 가지 뜻을 가지고 있다.

윤리(倫理)

'인간과 인간 사이에서 지켜져야 할 도리를 바르게 하는 것' 또는 '인간사회에 필요한 올바른 질서'라고 해석할 수 있을 것이다. 동양적 사고에서 윤리는 전적으로 인륜(人倫)과 같은 의미이며, 엄격한 규율이나 규범의 의미가 배어있는 느낌을 준다. 예를 들어, 석공이 돌을 잘 다듬기 위해서는 제일 먼저 보아야 할 것이 돌의 결(石理)이다. 목공은 나무의 결(木理)을 잘 보고 나무의 결을 따라야 훌륭한 작품을 만들 수 있다.

윤리란 바로 인간사회의 결(理)과 같다. 인간 집단의 결, 윤리를 존중하며 살아야 사회가 질서와 평화를 얻게 되고, 모든 사람이 안심하고 개인적 행복을 얻게 된다. 동양사회에서는 예로부터 인간관계를 천륜(天倫)과 인륜(人倫) 두 가지로 나누어 왔는데 천륜은 인간으로서는 생명과 같이 필연적인 부자관계와 같은 관계를 말하고 인륜은 후천적으로 인간사회에서 맺는 관계를 말한다.

윤리

'윤(倫)'자는 '사람(人)+무리(侖)'의 합성어로서 무리, 또래, 혹은 질서 등을 뜻하고, '리(理)'는 "옥을 다듬다."에서 유래되어 이치, 이법, 도리(道理)를 의미한다.

윤리와 법의 차이

윤리는 개인이 자율적으로 자기의 행동을 규제하도록 하는 것이고, 법은 물리적 힘과 강제를 통하여 타율적으로 인간의 행동을 규제하는 제도이다.

2) 사회 변화에 따른 윤리의 중요성 대두

① 현대사회의 특징

㉠ 사회기능이나 조직, 회사업무 등이 다양하고, 복잡하고, 급속하게 변화. 특히 인터넷과 같은 정보통신수단의 획기적인 발달이 인식의 패러다임을 변화시키면서 위험을 증가시키고 있다.

㉡ 정부가 유지하던 기존의 법, 제도와 사법, 경찰업무로는 사회질서 유지가 어려워지고 있다.

㉢ 기업에서도 회사규정, 제도, 감사업무 등으로는 내부통제가 어려워지고 외부적 통제가 아닌 윤리에 의한 자율통제의 중요성이 대두되고 있다.

② 선진국의 사회통제체제 변화흐름

㉠ 윤리와 준법에 의한 자율통제 체제가 강화되고 있다.

㉡ 기업에서는 직원의 윤리의식 향상 및 자율통제 기능인 기업윤리준법시스템이 도입되는 추세이다.

㉢ 윤리와 준법에 의한 자율통제체제와 자기단속체제(self policing system)를 갖춤으로써 사회적 윤리 준법 인프라를 구축하고 있다.

③ 윤리와 준법의 중요성

윤리와 준법에 의한 자율통제는 사회조직 기능의 효율성과 경제성을 향상시키게 된다. 더욱 중요한 것은 타율적 통제에 비해 투자비용과 위험에 의한 손실을 감소시킨다는 것이다.

월드컵 및 대규모 행사에서 시민들이 보여준 자발적인 질서유지는 어쩌면 공권력으로는 통제가 불가능할 수도 있는 상황을 수백만의 시민이 자율통제한 것이며, 이는 엄청난 사회적 통제비용과 위험을 감소시킨 것이다.

3) 윤리의 특징

① 광범위성

인간의 행동은 보통 법률, 윤리, 자유로운 선택이라는 세 가지 영역으로 구분된다. 법률의 영역에서는 행동기준이 법의 제약을 받고, 자유로운 선택영역에서는 이와 반대로 아무 제약없이 완전히 자유롭게 행동할 수 있는데 윤리는 이 두 영역의 중간에 위치한다. 따라서 윤리의 영역은 그 적용범위가 매우 광범위하다고 할 수 있다

② 이슈의 다양성

윤리적 이슈는 개인에서부터 사회, 국가, 국제 수준까지 여러 가지 수준에서 다양하게 논의된다. 개인과 사회로 나누어 이에 해당하는 이슈를 논하기도 하고, 개인, 조직, 산업, 사회, 국제적 관점 등으로 폭넓게 구분하기도 한다. 그만큼 윤리적 이슈는 다양한 분야와 관점에서 볼 수 있으며, 그 범위에 특별한 제한이 있지 않다.

③ 영향요인의 다양성

개인의 윤리의식에 영향을 미치는 요인은 매우 다양하다. 일반적으로 윤리적 행동에 영향을 주는 요인을 개인적 요인, 사회적 요인, 경제, 제도적 요인, 문화적 요인으로 구분한다. 개인적 요인에는 개개인의 가치관, 감정 및 태도, 정직성, 선이나 도덕에 대한 기준, 의사소통유형 등이 있다. 사회적 요인은 집단의 목표, 형평성 및 공평성, 관계, 집단압력

등을 들 수 있다. 문화적 요인으로는 문화적인 가치나 신념, 관행, 종교문화 차이 등이 있다. 마지막으로 경제, 제도적 요인에는 경제적인 이익 및 손해, 성과와 보상의 불일치 상황, 비도덕적인 행동에 대한 제재 장치 등을 의미한다. 이러한 다양한 영향요인에 따라 개개인은 윤리의식에 차이를 보이게 된다.

출처: 직업윤리와 기업윤리, 최애경

 Level up Mission l

☎ 학교생활과 사회생활 속에서 윤리와 준법의 중요성에 대해 개인의 생각을 정리해보고, 이를 팀원들과 공유해 보자.

2. 인간의 삶과 윤리의 필요성

1) 윤리적 가치의 중요성

① 사회질서의 유지

모든 사람이 윤리적 가치보다 자기이익을 우선하여 행동한다면 사회질서가 붕괴될 것이다. 모두가 다른 사람에 대한 배려 없이 자신만을 위한다면 다른 사람이 자신을 해칠지 모른다고 생각하며 끊임없이 서로를 두려워하고 적대시하면서 비협조적으로 살게 될 것이다. 인간은 결코 혼자서는 살아갈 수 없는 사회적 동물이며, 사람이 윤리적으로 살아야 하는 이유는 '윤리적으로 살 때 개인의 행복, 모든 사람의 행복을 보장할 수 있기 때문' 이다.

② 가치관의 문제

모든 사람이 윤리적으로 행동할 때 나 혼자 비윤리적 행동을 하면 대단히 중요한 이익을 얻을 수 있는데도 윤리적 규범을 지켜야 하는 이유는, 어떻게 살 것인가 하는 가치관의 문제와도 관련이 있기 때문이다. 눈에 보이는 경제적 이득과 육신의 안락만을 추구하는 것이 아니고, 삶의 본질적 가치와 도덕적 신념을 존중하기 때문에 윤리적으로 행동해야 하는 것이다.

2) 윤리와 우리의 삶

① 인간의 특성

㉠ 열려있는 존재

• 모든 분야에서 잠재 가능성을 가지고 있는 존재
• 행동과 삶의 방식을 스스로 결정

• 자연환경의 지배로부터 벗어나려는 의지를 가지고 주체적이고 창조적으로 자신의 삶을 개척

• 미완성된 상태로 태어나 스스로를 완성시키려고 노력하는 존재

ⓒ 도구적, 유희적 존재

• 도구적 존재: 망치, 스마트폰, 자동차 등의 도구나 기계를 만들어 사용 (도구에는 법과 제도와 같은 무형의 도구도 있음)

• 유희적 존재: 생활의 이해관계를 떠나 인간으로서 삶의 재미를 추구하는 의지적 활동 (삶의 기쁨을 표현하는 계기와 생활상의 스트레스를 극복하는 기회를 제공함)

ⓒ 문화적 존재

• 문화: 언어, 지식, 사상, 기술, 예술 등 인간 생활양식의 총체

• 문화적 존재: 언어, 문자와 같은 상징체계로 문화를 계승하고 창조

• 문화적 다양성: 문화는 시간과 장소에 따라 개성과 다양성이 나타남

• 올바르지 못한 문화 이해의 태도: 자기가 사는 방식이나 낯익은 것이 다른 사람의 생활 방식이나 낯선 방식보다 더 우수하고 가치있다고 생각함.

② 사회적 존재

• 인간은 사람들 사이에서만 인간임

• 짐승과 다른 점: 짐승도 사회성과 감정이 있으나 본능에 따라 행동함. 그러나 인간은 사회 속에서 성장해야만 완전한 인간으로 성장할 수 있음

• 사회화: 한 개인이 언어, 지식, 기술, 예술 등을 배움 – 인간은 교육을 통하지 않고서는 인간이 될 수 없는 존재이다

ⓜ 정신적, 윤리적 존재

• 가치를 판단하고 추구하는 존재

• 인간은 자기반성(정신적 활동)을 통해서 자기를 제어

• '사람다운 사람'이라는 말은 인간이 본질적으로 윤리적 존재임을 보여줌

사 례

인류를 일컫는 말

- **호모 사피엔스**(homo sapiens): **슬기롭고 지혜로운 사람**
  생각하는 사람. 인간의 본질을 지성, 예지로 보는 인간관. 현생 인류를 가리킨다. 독일 철학자 셸러가 쓴 말이다.

- **호모 루덴스**(homo ludens): **유희하는 인간**
  네덜란드의 문화사학자 J. 호이징거가 제창한 개념으로 그의 저서 〈호모 루덴스– 유희에서의 문화의 기원〉이라는 책에서 유래. 종래는 유희가 문화 속에서 발생하는 것으로 문화 쪽이 상위개념이라 생각했으나 호이징거는 이러한 견해를 역전시켜 문화는 원초부터 유희되는 것이며 유희 속에서 발달한다고 주장함.

- **호모 로퀜스**(homo loquens): **언어인**
  언어적 인간, 바탕은 이성이다.

- **호모 에렉투스**(homo Erectus): **직립인**
  직립 보행하는 원초적 특징

- **호모 파베르**(homo faber): **공작인**
  기술을 사용하는 사람. 인간의 본질을 도구를 사용하고 제작할 줄 아는 점에서 파악하는 인간관으로 베르그송에 의해 창출됨.

② 윤리를 배우는 이유

㉠ 도덕관념의 성숙으로 이중 기준을 탈피하기 위해 필요하다.

㉡ 올바른 가치 판단 능력을 기르기 위해 배워야한다.

㉢ 무엇이 정당화될 수 있는 행위인가를 알기위해 배워야 한다.

3) 윤리 성립의 근거와 기능

① 윤리 성립의 근거

㉠ 자유의지: 인간은 다른 사람이나 사회 집단에게 의식적으로 고통을 가하거나 피해

를 줄 수 있음 → 짐승들은 본능에 따라 기계적 혹은 조건 반사적으로 움직이기 때문에 윤리가 성립되지 않음

ⓒ 이중성: 구체적인 인간은 전적으로 선하지도 않고 악하지도 않음 → 인간이 항상 선하다면 윤리가 필요하지 않으며, 항상 악하다면 윤리는 불가능

ⓒ 사회성: 자기 자신의 행동을 자율적으로 규제 → 윤리적인 사람이 많을수록 사회는 더욱 질서가 확립되고 인간미 넘치며, 개인의 자유도 확장

② 윤리 규범의 기능

많은 사람들이 윤리 규범을 공유하면, 사회에 대한 소속감을 가지게 되며, 사회 전체의 유대가 강화된다.

3. 직업윤리

1) 직업윤리의 개념

직장인에게 직업윤리는 '정당한 방법으로 최선을 다해 주어진 직무를 수행하는 것'이라 할 수 있다. NCS 직업기초능력에서는 직업윤리를 '업무를 수행함에 있어 원만한 직업생활을 위해 필요한 태도, 매너, 올바른 직업관'으로 보고 있다.

직장인의 비리와 부정으로 인한 사건, 사고 행위를 통해 알 수 있듯이 직장인에 의해 발생되는 사건에서 엿볼 수 있는 우리 사회 직업윤리 부재현상은 각종 사회적 피해의 원인이 되며, 조직의 명성을 한 순간에 무너뜨리고 나아가 국가 이미지를 추락시키게 된다.

직장인에게 직업윤리는 꼭 지켜야 하는 필수적 요소이다. 이러한 직업윤리는 다음과 같은 원칙을 포함해야 한다.

① 기초적인 직업윤리는 회사의 일원임을 잊지 않고 회사가 추구하는 방향과 목표를 이해하고 협력하는 자세이다.

② 업무와 관련된 회사의 규칙과 시스템, 통상적인 보편적 지식을 숙지하고 준수해야 한다.

③ 자신의 행동이 회사와 사회, 주변에 미칠 영향에 대해 생각할 수 있어야 한다.

④ 근무 중에 부당한 행위나 불법적 행위, 비리에 대해 관련부서에 신고할 수 있어야 한다.

⑤ 이해상충상황 또는 뇌물수수의 유혹에서는 엄격한 자기통제의지를 발휘해야 한다.

2) 직업윤리의 구조

직업윤리의 하위능력은 근로윤리와 공동체 윤리로 구분한다.

①근로윤리

근로윤리는 업무에 대한 존중을 바탕으로 근면하고 성실하고 정직하게 업무에 일하는 자세를 말한다, 세부요소로는 근면성, 정직성, 성실성이 있다.

②공동체 윤리

공동체 윤리는 인간 존중을 바탕으로 봉사하며, 책임 있고, 규칙을 준수하며 예의바른 태도로 업무에 임하는 자세를 말한다. 세부요소로는 봉사정신, 책임의식, 준법성, 직장예절이 있다.

직장 및 사회생활에서 맡은 직무를 수행하기 위해서는 개인의 역량과 능력이 필요하다. 높은 역량을 가진 사람은 성과에 기여할 수 있다. 그러나 일은 혼자 하는 것이 아니다. 함께 일하면서 일을 하는 것도 중요하다.

근로윤리는 개인이 직장 생활을 할 때 "어떻게 일할 것인가?" 라는 질문이 답하는 것이라면 공동체 윤리는 "어떻게 함께 일할 것인가?"에 대한 질문의 답이라 할 수 있다.

[표 2-1] 직업윤리의 하위능력

하위능력	정의	세부요소
근로윤리	업무에 대한 존중을 바탕으로 근면하고 성실하고 정직하게 업무에 임하는 자세	• 근면성 • 정직성 • 성실성
공동체 윤리	인간 존중을 바탕으로 책임있고, 규칙을 준수하며, 예의 바른 태도로 업무에 임하는 자세	• 봉사정신 • 책임의식 • 준법성 • 직장예절

  Level up Mission 2

최근 언론 속에서 등장하는 직업윤리의 준수 혹은 위반 사례를 찾아보자. 이에 대한 자신의 생각을 정리 후, 이를 팀원들과 공유해 보자.

학습평가 Quiz

1. 다음 중 괄호 안에 들어갈 말은 무엇인가?

> (   )(이)란 업무를 수행함에 있어 원만한 직업생활을 위해 필요한 태도, 매너, 올바른
> 직업관을 의미한다.

① 직업윤리   ② 공동체 윤리
③ 직업기초능력   ④ 도덕성

2. 윤리적 존재로서의 인간의 특성에 해당하지 않는 것은?

① 문화적 존재   ② 사회적 존재
③ 도구적 존재   ④ 상대적 존재

3. 다음 중 윤리를 배우는 이유에 해당하지 않는 것은?

① 도덕관념의 성숙으로 이중 기준을 탈피하기 위해
② 올바른 가치 판단 능력을 기르기 위해
③ 무엇이 정당화될 수 있는 행위인가를 알기위해
④ 생산적이고 효율적인 삶을 위해

4. 다음 중 직업윤리의 하위능력은 무엇인가?

① 자아인식능력과 자기관리능력   ② 정직과 책임감
③ 근로윤리와 공동체 윤리   ④ 대인관계능력과 의사소통능력

5. 다음 중 근로윤리의 하위요소가 아닌 것은?

① 준법성   ② 근면성
③ 성실성   ④ 정직성

학습내용 요약 Review

1. '윤⁽倫⁾'자는 '사람⁽人⁾+무리⁽侖⁾'의 합성어로서, 무리, 또래, 혹은 질서 등을 뜻하고, '리⁽理⁾'는 "옥을 다듬다."에서 유래되어 이치, 이법, 도리⁽道理⁾를 의미한다.

2. 윤리는 광범위성, 이슈의 다양성, 영향요인의 다양성의 특징을 갖는다.

3. 직업윤리는 '업무를 수행함에 있어 원만한 직업생활을 위해 필요한 태도, 매너, 올바른 직업관'이다.

4. 직업윤리의 하위능력으로는 근로윤리와 공동체 윤리가 있다.

 스스로 적어보는 오늘 교육의 메모

일의 이해

차례

학습목표

- 일의 의미를 말할 수 있다.
- 일의 필요성을 인식할 수 있다.
- 일의 개념에 대한 다양한 해석을 인식할 수 있다.
- 일의 의미 매트릭스를 설명할 수 있다.

핵심단어

일, 일의 필요성, 일의 의미 매트릭스

3
Chapter

들어가기

일의 즐거움 – 다나카 고이치

2002년 10월 9일 노벨상 화학상 수상자 발표는 전 세계의 이목을 집중시켰다. 박사도 교수도 아닌 학사 출신, 게다가 화학을 전공하지도 않은 일개 샐러리맨 다나카 고이치가 수상자였기 때문이다. 그는 하루 아침에 유명인이 되었고, 이후 반년 동안 그의 생애 중 가장 분주한 나날을 보냈다.

2003년 3월말 다나가 고이치는 엔지니어 복귀 선언을 했다. 노벨상 이후 연일 계속되는 강연과 인터뷰 때문에 자신이 가장 좋아하는 연구활동을 할 수 없었기 때문이다. 이제 겨우 반환점을 돈 나이인 마흔세 살의 그가 원한 것은 엔지니어로서의 삶이었다. 출세나 공명, 이익보다는 좋아하는 일에 몰두하는 것에서 행복과 긍지를 찾고 만족하는 삶, 실패를 성공으로 바꾸고 상식에 얽매이지 않으며 목표를 발견한 후에는 끝까지 추구하는 삶이 그가 원하는 삶이었다.

다나카 고이치는 어릴 때부터 과학에 관심은 많았지만 현실적인 발상에서 전기공학이라는 전공을 택했다. 세칭 명문대를 졸업한 것도 아니고 최초의 취직 시도에서 실패하여 자신감을 많이 상실했음에도 불구하고 좌절하지 않았다. 전기공학을 전공했던 그의 입사 당시 화학 지식은 고등학생 수준에 불과했다. 입사 이후에도 자신이 원하던 부서로 배치 받지는 못했으나, 한 달 정도 연수를 거쳐 실제로 일을 해 보니 자신이 너무도 좋아하는 실험을 할 수 있었다. 실험을 하고 그 결과를 지켜보는 일은 너무도 즐거웠고, 그는 자신도 모르게 그 작업에 빠져들었다. 다른 연구자의 논문을 읽고 이 방법이 좋겠다 싶으면 즉시 시도해 보았다. 어릴 적부터 끈기가 있는 성격이긴 했지만 자신이 좋아하는 실험을 계속할 수 있었기 때문에 대학 시절의 전공과 상관이 없더라도 개의치 않았다. 진정한 삶의 의미와 보람은 지금 하고 있는 일을 얼마나 즐기면서 성실하게 수행하고 있는가에 달려 있는 것이다.

다나카 고이치는 현장에서 최선을 다해 일하는 사람들의 자긍심을 일깨우고 활력과 자극, 꿈과 희망, 용기를 불어넣어 주었다. 그는 직접 저술한 이 책을 통해 보이지 않는 곳에서 묵묵히 일하는 사람들에게 이 사회의 가장 소중한 일꾼들이라는 사실을 알리기 위해 노력했다. "독창적인 능력은 특별한 능력이 아닙니다. 누구든지 독창성을 가지고 있습니다."라는 다나카의 메시지는 오늘도 이 세상의 수많은 평범한 사람들의 꿈과 희망이 되고 있다.

1. 일의 의미는 무엇인가?

2. 일의 필요성은 무엇인가?

3. 일의 특징에는 무엇이 있는가?

4. 일의 의미 매트릭스는 무엇인가?

1. 일의 의미

1) 일과 직업의 의미

인간은 매일 의식적인 활동 즉, 일을 하면서 일생을 보낸다. 인간 삶의 핵심은 일이기 때문에 인간 누구나 자기만의 일을 하면서 살고 있다. 일은 개인이 하는 일의 내용에 따라 그 사람의 지위, 생활수준, 정신 건강 등 생활양식에 크게 영향을 미치고 있는데도 우리는 왜 일하고 있으며, 일을 반드시 해야 하는가?라는 질문에 대해서 모두가 정확한 답을 가지고 있지는 못하다. 즉, 사람 가운데는 왜 자신이 그토록 심한 일을 일생 동안 하면서 살아야 하는지 모르고, 이를 불만스러워 하면서도 할 수 없이 일을 하는 사람도 많다. 인간은 일하면서 사는 존재일 뿐 아니라 일에 대하여 생각하면서 사는 존재이다. 동물들도 일을 하지만, 일에 대하여 생각을 하면서 사는 존재는 아니다.

일의 의미

1. 무엇을 이루거나 적절한 대가를 받기 위하여 어떤 장소에서 일정한 시간 동안 몸을 움직이거나 머리를 쓰는 행동 또는 그 활동의 대상
2. 어떤 계획과 의도에 따라 이루려고 하는 대상
3. 어떤 내용을 가진 상황이나 장면

직업의 의미

1. 생계를 유지하기 위하여 자신의 적성과 능력에 따라 일정한 기간 동안 계속하여 종사하는 일
2. 경제적 보상 제공
3. 본인의 자발적 의사에 의한 것
4. 장기적으로 계속해서 일하는 지속성

직업(職業)이라고 할 때 직(職)은 사회적 역할의 분배인 직분을, 업(業)은 일 또는 행위, 더 나아가 불교에서 말하는 전생 및 현생의 인연을 말하는 것이다. 이런 의미에서 직업은 사회적으로 맡은 역할, 하늘이 맡긴 소명 등으로 볼 수 있다.

2) 일을 하는 목적

① 생계유지의 수단

인간은 생계유지를 위해 일을 한다. 최소한의 경제적 보수를 통해 생계유지를 할 수 있다. 시간이 지나면서 개인뿐 아니라 가족의 부양을 위해서 더 많은 보수가 필요하기 때문에 일은 나와 가족의 생계유지를 위한 수단이다.

② 자아실현

인간은 생계유지만을 위해 일하지 않는다. 경제적 보수가 유일한 일의 목적이라면 생계유지가 해결된 경우는 모두 일을 하지 않을 것이다. 인간은 욕망을 충족시키고, 꿈을 성취하고, 심신의 건강을 유지하기 위하여 일을 한다. 인간은 빵만으로만 살 수 없는 존재이다. 기본적 욕구가 어느 정도 해결되면 문화적 및 정신적 욕구를 추구하게 된다. 우리의 이러한 욕망 충족을 한 마디로 '자아실현'이라고 한다.

③ 가정, 사회, 국가에 봉사

사람은 돈과 욕망의 충족 뿐 아니라 그가 사랑하는 가족, 사회, 국가, 세계를 위하여 일을 한다. 원래 일은 시초부터 자기만을 위한 것이 아니다. 가사 일은 일의 대가에 경제적 보수가 수반되는 것은 아니지만 그 일은 의미가 있다. 또한 일을 해서 얻는 물질적, 문화적 소득은 언제나 다른 사람과 직, 간접적으로든 연관되어 있다. 자기가 번 돈을 다 쓰는 경우에도 그가 어떤 물품을 구입하느냐에 따라서 그의 행위는 타인과 연관되어 있다. 그러므로 일은 본질적으로 사회성을 가지고 있다. 일에 대한 봉사성, 사회에 대한 필요성, 국가와 인류에 대한 공헌성을 가지고 있다. 일이란 근본적으로 나와 남을 동시에 돕는 행위이다.

3) 일에 임하는 마음과 자세

① 소명의식과 천직의식

일 중에서도 직업은 개개인이 갖는 단순한 의미보다 사회전체나 조직에서 갖는 의미가 더 중요하다. 왜냐하면 사회를 구성하고 있는 한 사람이 각자 자신의 맡은 역할을 어떻게 수행하느냐에 따라 국가와 사회에 미치는 영향이 크기 때문이다. 그리고 그 영향은 곧 개개인의 삶에 엄청난 영향을 주기 때문이다.

② 직분의식과 봉사정신

동서고금을 막론하고 사람이 사회에 참여하는 것은 특정한 일을 수행하는 작업을 통해서이다. 사람은 각자 직업을 통해 사회적 기능을 수행하게 되는데 특히 어떤 일의 일부를 나누어 수행함으로써 참여하게 된다. 그러므로 개인이 일정한 직업을 가지고 활동함으로써 사회의 각종 기능을 직, 간접적으로 수행하고 있다면 그것은 각자 맡은 바 직분을 다하는 것이라고 할 수 있다.

③ 책임의식과 전문의식

직업인은 그 직업에 대한 사회적 역할과 직무를 충실히 수행하고 책임을 다해야 한다. 책임을 효과적으로 완수하기 위해서는 직업의 중요성을 인식하고 일을 완벽하게 수행할 수 있는 전문적 지식을 가지고 있어야 한다. 또한 모든 사람은 보다 발전적이고 능률적으로 임무를 수행하기 위해서는 중단 없는 노력이 필요하다.

4) 일의 중요성

- 안정적이고 충분한 유급 노동이 독립의 원천이라면, 그것의 부재는 타인에게 의지함을 의미한다.
- 안정적이고 충분한 유급 노동이 자기실현에 이르는 길이라면, 그것의 부재는 실패를 뜻한다.
- 안정적이고 충분한 유급 노동이 사회경제적 사다리를 오를 수 있게 한다면, 그것의 부

재는 사회적 지위가 고정되거나 내려감을 의미한다.

· 안정적이고 충분한 유급 노동이 가족을 안정되게 한다면, 그것의 부재는 불안정을 의미한다.

· 안정적이고 충분한 유급 노동이 다른 사람에게 존경을 받게 한다면, 그것의 부재는 수치심을 의미한다.

 Level up Mission 1

 자신이 생각하는 일과 직업의 의미의 생각을 정리 후, 이를 팀원들과 공유해 보자.

2. 일의 개념에 대한 해석

일의 개념에 대한 해석은 다양하게 이뤄졌다. 전통적으로 일은 고통을 수반한다는 생각부터 일을 즐거움으로 보는 관점까지 일을 해석하는 방식은 다양하다. 또한 철학적, 사회학적, 심리학적으로 등 다양한 학문적 관점으로 읽혀지고 있다. 일을 바라보는 다양한 관점을 보면 다음과 같다.

① 일은 저주다.

- 고대 그리스에서 현재까지 이어지며, 유대교와 기독교 전통에서는 '에덴동산까지 거슬러 올라가는 견해
- 신의 저주 – 이브와 아담은 하나님의 명령을 어겨 고통스러운 출산과 고된 노동이라는 벌을 받음
- 이런 관점은 열심히 일해야 한다는 노동윤리를 거부함
- 일이 저주라면 인간은 노역의 운명을 받아들어야 하며, 일에 대해 깊이 생각할 필요가 없음

② 일은 자유다

- 16세기에 등장한 서구 사상인 자유주의적 개인주의는 일에 적용되는 많은 이론과 이념의 중심에 개인을 둠
- 일은 개인 중심의 자유롭고 창의적 활동이며, 자연과 다른 인간에게서 개인의 독립성을 확보해 준다는 시각

③ 일은 상품이다.

- 근대 시장 중심 경제에서 일은 경제 가치를 가짐
- 일은 다른 경제 상품 및 서비스처럼 교환될 수 있다는 추상화되어 나타남

④ 일은 직업적 시민권이다.

- 일은 수행하는 존재가 인간이라는 도덕적 의미를 가짐
- 일은 동등한 가치를 타고난 시민의 활동
- 시민은 시장이 제공하는 것과 무관하게 존엄성과 자기 결정권이라는 특정한 권리와 기준을 이미 갖는다는 해석의 관점을 가짐
- 이 해석은 노사 관계, 정치 이론, 윤리학, 인권 등에 대한 제도의 간섭으로 노동자 권리 성취를 강조하는 관련 학문 영역들을 포함함

⑤ 일은 비효용이다.

• 주류 경제학에서는 개인이 상품과 서비스를 소비하고 여가를 즐기며 개인적 효용을 극대화하는 이성을 지닌 행위자라고 보는데 이는 일을 고통스러운 노력을 요구하고 여가 활동을 즐길 시간을 빼앗아 끝내 효용을 낮춘다고 가정함

• 이러한 관점에서 일을 해석하는 강력한 근대 개념 중 하나는 비효용, 즉 심리적 만족이나 다른 내재적 보상이 없더라고 소득과 보상 때문에 견디는 경제활동으로 일을 바라봄

⑥ 일은 자기실현이다.

• 일을 개인의 성취라는 개념으로 해석

• 일을 적절하게 구조화한다면, 개인의 육체와 정신건강에 도움이 될 수 있다고 봄

• 이 관점은 심리학에 뿌리를 두고 있으며 일이 성취, 숙련, 자존감, 자부심과 관련된 인간 욕구를 채워 주어 정신적 행복을 안겨줄 수 있다고 강조함

• 일을 개인의 성취로 개념화하려면, 개인의 만족 또는 불만족을 불러오는 일의 인지적, 감정/태도 측면을 강조하게 됨

⑦ 일은 사회적 관계다.

• 사회적 관계로 보는 관점은 사회학자, 사회심리학자 등이 강조해 온 일의 사회적 측면을 강조하며 개인 중심 관점을 확장함

• 일은 단순히 돈에 기반을 둔 경제적 교환이 아닌 신뢰에 기반을 둔 사회적 측면을 강조함

• 일은 개인의 효용뿐 아니라 사회규범, 제도, 대립하는 사회 집단 간의 불균등한 권력 역학에 의해서도 강력한 영향을 받는다고 봄

⑧ 일은 보살핌이다.

• 여러 문화에 걸쳐 강력하게 지속되는 사회규범은, 남성과 여성에게 문화적으로 어떤 노동 역할이 인정되고 인정되지 않는가를 결정하게 됨

- 여성주의사상은 일이 남성과 여성에게 다르게 개념화된다고 주장함
- 이는 여성의 무급 가사 노동이 가진 가치를 떨어뜨리고, 유급 고용 부문에서 여성이 남성보다 낮은 임금을 받는 상황을 정당화하는데 사용되기도 함

⑨ 일은 정체성이다.

- 일이 개념 정체성의 일부라는 관점
- 우리가 누구이고, 사회구조의 어디쯤 서 있으며, 인간이 된다는 의미가 무엇인지 이해할 때 일이 우리에게 어떤 도움을 주는지 말해주게 됨
- 우리의 정체성은 우리와 우리 일을 바라보는 다른 이들의 생각에서, 이 일이 더 넓은 세상과 만나는 길에 대한 우리의 생각에서 분리될 수 없음

⑩ 일은 봉사다.

- 소명으로서의 일을 포함한 신, 대가족, 공동체, 국가를 위한 봉사라는 개념으로 보는 관점
- 이 생각은 서구 개인주의 등장 이전에 등장했지만 여러 시대에 걸쳐 나타나고 있음
- 어떤 이는 지나친 개인주의를 해소할 연대적 돌파구로 봉사로서의 일의 개념을 제시함

존 버드는 '일이란 무엇인가?'라는 그의 저서에서 일의 개념에 대한 다양한 해석을 소개했다. 존 버드의 관점 중 자신이 동의하는 일에 대한 관점을 정리 한 후, 이를 팀원들과 공유해 보자.

[표 3-1] 일의 개념 해석

개념해석	정의	지적뿌리
1. 저주	인간의 생존 또는 사회질서 유지에 필요한 의심의 여지가 없는 무거운 짐	서구신학, 고대 그리스 로마 신화
2. 자유	자연 또는 다른 인간에게 독립하고 인간 창의성을 표현하기 위한 길	서구 자유주의적 개인주의, 정치이론
3. 상품	거래될 수 있는 경제 가치를 가진 생산적 노력의 추상적 수량	자본주의, 산업화, 경제학
4. 직업 시민권	특정한 권리를 부여받은 공동체의 인간 구성원이 추구하는 활동	서구 시민권 이상, 신학, 노사관계
5. 비효용	즐거움을 제공한 상품과 서비스를 얻기 위해 견디는 형편없는 활동	공리주의, 경제학
6. 자기실현	(이상적으로)개인의 필요를 충족시키는 육체적, 정신적 활동	서구 자유주의적 개인주의, 체계적 관리, 심리학
7. 사회적 관계	사회규범, 제도, 권력 구조에 내포된 인간의 상호작용	산업화, 사회학, 인류학
8. 보살핌	타인을 돌보고 부양하는 데 필요한 육체적, 인지적, 감정적 노력	여성의 권리, 여성주의
9. 정체성	자신이 누구이고 사회 구조에서 어디에 위치해 있는지 이해하기 위한 수단	심리학, 사회학, 철학
10. 봉사	신, 가정, 공동체, 국가와 같은 타인에 대한 헌신	신학, 유교, 공화주의, 인도주의

• 출처: 나에게 일이란 무엇인가? 존 버드 저. 강세희 역.

3. 일의 의미 매트릭스

일의 의미는 한 쪽 축에는 공동체(팀, 조직, 사회)에 미치는 영향과 또 다른 축에는 개인에게
미치는 영향에 따라 크게 4가지 매트릭스로 구분할 수 있다.

〈 그림 3-1〉   일의 의미 매트릭스

	자신에게 미치는 영향 낮음	자신에게 미치는 영향 높음
공동체에 미치는 영향 높음	1사분면 남에게만 좋은 일	2사분면 모두에게 의미있는 일
공동체에 미치는 영향 낮음	3사분면 모두에게 의미 없는 일	4사분면 나에게만 의미있는 일

공동체와 개인에게 모두 높은 영향을 미치는 일, 공동체에는 영향을 미치지만 개인에
게는 영향이 적은 일, 공동체에는 영향을 미치지만 개인에게는 영향이 없는 일, 마지막으
로 모두에게 영향을 미치지 않는 일이 있다.

1) 남에게만 좋은 일

나에게는 의미가 없지만 남에게는 의미 있는 일이 있다. 즉, 공동체에는 영향을 미치지
만 개인에게는 미치는 영향력이 적은 일이다. 상호작용으로 보자면 나는 얻는 게 없고 상

대방만 도움이 되는 것이 여기에 해당한다. 이러한 일은 이 일을 통해서 나에게 남는 것이 무엇인가라는 불평이 들 수 있다. 다른 표현으로는 남들에게는 좋은 일이지만 나에게는 의미가 없는 일이라 말할 수 있다. 누군가를 위해 기여를 한다는 점은 의미가 있지만 그 동안 개인은 계속 소진되어 간다는 느낌을 지울 수 없게 된다. 이러한 일이 계속 반복되면 이 일을 왜 하는지 자기 의심을 하게 된다. 대부분의 시간을 보내는 직장에서는 무의미하고 무기력한 일상을 보내는 직장인으로 살아가게 된다.

2) 나에게만 의미 있는 일

공동체에는 영향을 미지치 않고 개인에게 중요한 영향을 미치는 일이 있다. 본인은 의미 있는 일이고 자기개발과 성장을 통해 발전하는 느낌을 가질 수 있지만 함께 하는 동료나 팀, 조직, 나아가 사회는 개인의 업무로 인해 함께 발전되는 것이 없다. 소속된 공동체의 문제는 나몰라라 하면서 자신의 일만 집중하는 경우가 여기에 해당한다.

3) 모두에게 의미 없는 일

공동체 그리고 개인 모두에게 영향을 미치지 못하는 일이 있다. 이 일은 누구에게도 도움이 되지 않고 일의 의미를 찾기 힘든 영역이다. 이 곳 영역에서 근무를 하는 사람이 많을수록 개인과 조직은 무기력해지고 나아가 낮은 성과와 결과를 창출할 수밖에 없다.

4) 모두에게 의미 있는 일

공동체와 개인 모두가 중요한 영향을 미치는 일이다. 이 일은 말 그대로 개인과 조직 모두에게 의미 있는 일이다. 개인은 일에서 보람과 성취감을 느끼고 공동체는 그로 인해 긍정적인 변화를 만들게 된다. 개인은 업무몰입과 만족을 이끌 수 있고, 기업에서는 매출증대와 사회적 기여를 기대할 수 있다.

이와 같은 똑 같은 일도 어떻게 구분하느냐에 따라 다르게 해석되고 영향을 미칠 수 있다는 것을 알 수 있다.

Level up Mission 3

 최근에 경험한 아르바이트나 업무를 일의 의미 매트릭스에 적용하여 평가해보자. 이를 팀원들
과 공유해 보자.

학습평가 Quiz

1. 다음 중 직업의 의미에 해당하지 않는 것은?

① 타인에 대한 통제　　　　　　　② 경제적 보상
③ 본인의 자발적 의사에 의한 것　　④ 장기적으로 계속해서 일하는 지속성

2. 다음 중 일에 임하는 마음과 자세에 해당하지 않는 것은?

① 소명의식　　　　　　　　　　　② 직분의식
③ 비전문의식　　　　　　　　　　④ 책임의식

3. 다음 중 일의 개념에 대한 해석 중 괄호 안에 들어갈 말은 무엇인가?

> 일을 (　　　)(으)로 보는 관점은 일은 자유롭고 창의적인 개인중심 활동이며, 자연과 다른 인간에게서 개인의 독립성을 확보해 준다는 시각을 의미한다.

① 사회적 관계　　　　　　　　　② 자유
③ 자기실현　　　　　　　　　　　④ 비효용

4. 일의 개념에 대한 해석 중 자본주의, 산업화, 경제학에 지적 뿌리를 두고 있는 견해는 무엇인가?

① 비효용　　　　　　　　　　　　② 자기실현
③ 직업시민권　　　　　　　　　　④ 상품

5. 일의 의미 매트릭스를 차지하는 두 가지 축에 해당하는 것은 무엇인가?

① 긴급성과 중요성　　　　　　　② 시간과 비용
③ 자신과 공동체에 미치는 영향　　④ 때와 장소

학습내용 요약 Review

1. 직업은 크게 경제적 보상, 본인의 자발적 의사에 의한 것, 장기적으로 계속해서 일하는 지속성의 의미를 갖는다.

2. 일을 하는 목적은 생계유지, 자아실현, 가정, 사회, 국가에 봉사가 대표적이다.

3. 일의 개념은 철학, 사회학, 심리학 등의 배경을 기반으로 다양하게 해석되어 진다.

4. 일의 의미 매트릭스는 자신과 공동체에 미치는 영향에 따라 남에게만 좋은 일, 모두에게 의미 없는 일, 나에게만 의미 있는 일, 모두에게 의미 있는 일로 구분한다.

 스스로 적어보는 오늘 교육의 메모

일의 미래

차례

학습목표

· 일의 미래를 말할 수 있다.
· 기술혁신에 따른 일자리의 미래를 인식할 수 있다.
· 프로티언 경력태도의 의미와 구성요인을 설명할 수 있다.

핵심단어

일, 일의 미래, 기술혁신, 프로티언 경력태도, 가치지향성, 자기주도성

4
Chapter

들어가기

Nedlkoska and Guintini(2018) 연구의 국가별 자동화로 인한 일자리 위험 정도를 이전 관련 연구의 발표 형식으로 표현하면 아래 표와 같다. 이 결과에 따르면, 연구에 참가한 32개국 평균으로 14%의 직업이 가까운 미래에 높은 자동화 위험(70%의 위험도)에 처해 있으며, 32%의 일자리는 일하는 방식에서 상당한 수준의 변화(30~70%)를 경험하게 될 것으로 예측되었다. 직업별 자동화 위험에 관한 분석에서는 특별한 숙련이나 훈련을 필요로 하지 않는 직업 그룹—식재료 준비 보조원, 조립라인 노동자, 청소부 등—의 자동화 가능성이 높으며, 그 다음으로는 제조업 분야—가공업 종사자, 숙련된 농업종사자, 금속 및 기계 종사자 등—의 직업 그룹이 자동화 가능성이 높은 것으로 나타났다. 이에 반해, 높은 교육수준이나 훈련을 필요로 하고 사회적인 상호작용, 창의성, 문제해결력이 높은 직종이거나 다른 사람들을 돌보는 직업 그룹이 자동화 위험이 낮은 것으로 나타났다. 자동화 위험이 가장 낮은 직업들은 전문적인 훈련 또는 고등교육을 요구하며, 교수, 관리, 건강 전문직 등을 포함한다.

출처: 일의 미래(2) 자동화 컴퓨터 그리고 미래 인적역량 수요, 김문희

〈 그림 4-1 〉 자동화로 인한 일자리 위험 정도

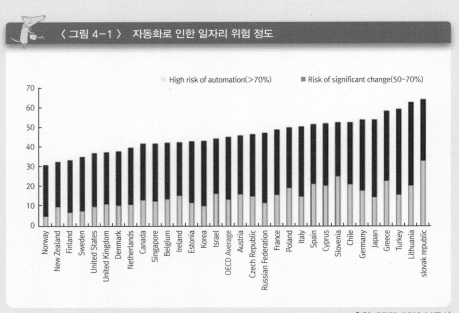

• 출처: OECD 2018 보고서

62

1. 예상되는 일의 미래의 모습은 무엇인가?

2. 새로운 기술혁신이 일자리에 줄 영향은 무엇인가?

3. 프로티언 경력태도란 무엇인가?

4. 프로티언 경력태도의 구성요인은 무엇인가?

1. 일의 미래

　일은 우리 삶을 지탱해준다. 우리는 일을 통해 물질적 필요를 충족하고 빈곤에서 벗어나 양질의 삶을 꾸린다. 물질적 필요 외에도 일은 우리에게 정체성, 소속감, 목적의식을 부여한다. 일은 선택의 폭을 확대해 미래에 대해 긍정적인 희망을 갖도록 해준다.

　일은 여러 사람과의 사회 결속력을 다지는 상호소통과 교류의 장을 제공하여 공동체 차원에서 중요한 의미를 갖는다. 우리가 일과 노동시장을 구성하는 방식은 사회가 달성할 수 있는 평등의 수준을 결정하는 데 중요한 역할을 한다.

　그러나 위험하고 건강에 해롭고 임금이 낮으며 예측 불가능하고 불안정한 일도 존재한다. 이러한 일자리는 개인의 가능성을 넓혀주기보다 정신적, 신체적으로 갇혀 버린 느낌을 줄 수 있다. 일을 찾지 못하는 사람에게 일은 소외감을 느끼게 하는 원인이 될 수 있다.

　노동환경의 근본적이고 파괴적 변화가 사회전반에 영향을 미치면서 우리는 현 시대에서 가장 중요한 도전과제에 직면해 있다. 새로운 움직임들이 일의 세계를 바꾸고 있다. 이로 인해 전환이 필요하고 이는 시급한 도전과제를 낳는다. 인공지능, 자동화, 로봇공학 등 기술진보는 새로운 일자리를 창출할 것이다. 그러나 미래의 새로운 기회가 주는 혜택을 받을 준비가 안 된 노동자들은 기술발전으로 인해 일자리를 잃게 될 것이다. 오늘날 통용되는 기술은 미래에 창출되는 일자리에는 무용지물이 될 것이고 새로 습득한 기술조차 오래 못가 쓸모없게 될 것이다. 현 상태가 지속된다면 디지털 경제는 지역, 성별 격차를 더욱 확대시킬 가능성이 높다. 플랫폼 경제를 구성하는 크라우드워킹(crowd-working) 웹사이트와 앱 기반 노동은 19세기 노동 관행과 차세대 "디지털 일용직 노동자"를 다시 만들어 낼 수 있다. 환경을 생각하고 기후 변화를 막고자 하는 일의 미래로의 전환은 노동시장을 더욱 어지럽힐 것이다. 일부 지역에서는 청년 인구가 증가하면서 청년 실업과 이주문제가 더욱 심각해 질 것으로 예상된다. 한편 다른 지역에서는 인구 고령화가 사회보장 및 복지 제도 부담을 가중시킬 것이다. 양질의 일자리 창출하는 것이 더욱 어려워졌다는 것을 의미한다.

　기존 문제에 이어 새로운 도전과제가 등장하면서 상황이 더욱 악화될 가능성이 높다.

실업이 계속 높은 수준에 머물러 있고 수십억 명의 노동자는 비공식 경제에 종사하고 있다. 무려 3억 명의 노동자가 극심한 빈곤에 시달리고 있다. 수백만 명의 남성, 여성, 아동이 현대판 노예제의 희생양이 되고 있다. 아직도 너무나 많은 사람들이 과도한 노동 시간에 시달리며 수백만 명이 산업재해로 매년 목숨을 잃는다. 직장 스트레스는 정신건강 위험을 심화시켰다. 임금 상승은 생산성 증가에 미치지 못하며 국가소득 중 노동자에게 돌아가는 몫이 감소했다. 빈부격차는 확대되고 있다.

사 례

미래의 일자리: 모빌리티 플랫폼 관리자

모빌리티 플랫폼 관리자(Mobility Platform Managers, MPMs)는 도시의 통합된 운송망을 감독해, 사람, 차량, 상품의 매끄러운 이동을 보장한다. 매일 그들은 교통 데이터를 시각화해 다양한 운송 수단 전반에 걸쳐 수요와 공급을 모니터링하고, AI로 작동하는 시스템을 이용해 경로와 가격 책정을 최적화한다. 그들은 인간의 판단이 필요할 때 개입한다.

그들은 재난에 대비하기 위해 예측 모델을 이용, 어떻게 자원을 할당할지 계획을 수립하고 교통량의 변동에 빠르게 적응하도록 돕는다. 교통의 효율성과 환경에 대한 피해의 최소화에 더해, MPM은 공공의 안전, 접근성, 모빌리티 시스템 내의 평등에 책임을 진다. 그들은 공공 및 민간 분야의 이해관계자들과 조화를 이뤄 시나리오 분석을 수행하고 제안의 실행가능성을 평가하며, 통합된 미소학습 도구와 동료 회합 및 컨퍼런스 참가를 통해 자신들 분야에서의 진보를 파악해 최신 지식을 유지한다.

2. 기술혁신에 따른 일자리의 미래

1) 기술혁신과 고용

초연결, 초지능화 시대 진입에 따라 신규 직업창출 기대와 기존 직업 소멸의 우려가 동

시에 대두하고 있다. AI, 사물인터넷, 빅 데이터까지 기술은 과거의 상상 이상으로 발전하고 있다. 로봇 사용이 점차 증가하는 것도 주목해야 할 점이다. 이전에 비해 로봇 사용이 3배가 증가했고, 향후 그 수가 더 늘어날 가능성이 있기 때문이다. 새로운 기술들은 단순하고 반복적인 업무를 대체하고 있다. 하지만 과거에는 없던 새로운 업무 분야를 창조하기도 한다. 그렇기 때문에 AI의 사용이 많아지고 기술의 발전 속도가 빨라지면서 일자리에 대한 이견이 생기고 있다.

① 기술에 대한 기대

과거의 산업혁명 사례처럼 기술혁신을 통해 인간이 새로운 직업과 산업을 발굴하여 새롭게 창출될 일자리가 더 많아질 것이라는 기대가 있다.

② 기술혁신에 대한 우려

클라우드 컴퓨팅(Cloud Computing), 빅데이터(Big Data), 사물인터넷(Internet of Things, IoT), 딥러닝(Deep Learning)이 가능한 인공지능(AI), 로봇 등의 발달로 기계가 인간의 능력을 능가하기 시작하여 일자리 감소에 대한 경계도 커지고 있다.

암 진단 솔루션을 제공하는 IBM 인공지능 왓슨(Watson for Oncology)은 기계학습을 통해 수천만 건의 임상자료를 분석하여 처방을 내리는 등 이미 일부 분야에서 전문의의 전문성을 추월하고 있다. 아마존닷컴(Amazon.com)은 미국 시애틀에서 4,000여개의 식료품점에서 판매, 재고관리, 계산 등을 로봇이 담당하는 아마존고(Amazon Go)라는 인공지능마트를 운영하기 시작하고 있다.

③ 기술이 일자리 감소에 미칠 상황에 대한 우려

기술혁신으로 인해 기계로 대체되는 직업이 증가하여 일자리가 소멸될 것이라는 우려가 증가하고 있다.

Smith and Anderson(2014)이 실시한 미래 일자리에 대한 전문가 설문조사에 따르면 2025년에는 네트워크되고 자동화된 인공지능과 로봇이 일자리의 48%를 대체할 것으로 예상하고 있다. 또한 세계경제포럼(World Economic Forum)에서 발표한 '일자리의 미래(The Future of Jobs, 2016)'에 의하면 4차 산업혁명의 영향으로 가까운 미래에는 전세계적으로 일자리 710만 개가 소멸되는 반면 200만 개가 창출되어 약510만 개의 일자리가 감소할 것으로 전망하고 있다.

2) 기술혁신에 따른 일자리 증감 효과

① 신기술의 일자리 창출 효과

신기술의 노동 대체보다 수요 창출 효과가 클 경우, 소멸되는 일자리를 상쇄할 만한 새로운 일자리 창출이 가능하다는 견해가 있다.

기술혁신으로 인한 숙련 고도화로 생산성이 확대되면 적은 인력이 요구되지만, 새로운 수요를 창출하면 더 많은 생산량이 필요해져 노동수요가 증가할 것으로 볼 수 있다. 실제 1차 산업혁명 시기, 역직기 발명에 따른 공정 자동화로 방적공 1인당 생산성이 향상하여 면직물 가격하락과 수요 급증을 초래해 방적공 고용이 증가했다. 또한 정보혁명시기, ATM의 도입으로 은행원 업무가 일부 대체되기는 하였으나 생산성 향상에 따른 은행업 성장으로 고용이 증가한 사례가 있다.

② 일자리 양극화의 시작

자동화와 인공지능이 인간의 노동을 대체함으로써 실업률 증가 및 소득·일자리 양극화 초래할 것으로 보인다.

반복적인 업무를 수행하고 정형화(routine)하기 쉬운 직무를 수행하는 중간층은 저임금 서비스업으로 전직하거나 최악의 경우 영구적인 실업 상태에 빠질 수 있다.

특히, 고용 대체 비중이 높은 직종은 대부분 정형화(routine)가 용이한 일자리에 집중될 것이며, 반면 인간과 소통 및 감정교류가 필요한 직종은 고용 대체가 어려울 것으로 보인다.

향후 20년 후 사무직 73%, 판매직종 98%, 생산직과 기계조작원 81%가 기계로 대체 될 것으로 보이며 반면 인간과 소통하면서 감정 교류를 필요로 하는 '보건업 및 사회복지 서비스업', '전문, 과학 및 기술 서비스업' 등의 직종에서는 고용 대체 확률이 낮을 것으로 예상하고 있다.

3) 4차 산업혁명에 따른 노동시장의 변화

① 전통적 패러다임의 변화

독립적으로 존재하는 산업분야 간 기존 물리적 경계가 4차 산업혁명을 통해 약화되고, 생산자와 소비자로 분리되는 패러다임이 무너지는 등 전통적 노동환경과 일자리에 큰 변화가 진행되고 있다. 제리 카플란은 인공지능 로봇이 트럭 운전기사, 농장 및 물류창고 근로자 등 육체노동자의 노동을 대체하는 것은 물론, 사회에 지배적인 영향력을 행사해왔던 교육·법률·의료 등 전문가의 노동에도 큰 변화를 몰고 올 것으로 예측했다.

② 노동시장의 예측 가능한 변화

기술진보에 따른 4차 산업혁명 도래로 노동시장의 큰 변화가 예상되고 있다.

노동 시간과 공간에 대한 전통적 개념이 변화 및 소멸되고 있다. 디지털 기기의 첨단화로 인해 근시간의 경계가 점점 희미해졌으며 원격근로 등 유비쿼터스(Ubiquitous) 노동의 시대가 도래했다.

최근엔 긱(Gig), 온디맨드(on-demand), 공유(sharing) 및 플랫폼(platform) 경제 등의 발전에 따른 높은 노동 유연성이 요구되고 있고 이는 노동 유연성 증가에 따른 노동 빈곤과 양극화가 심화되고 있다.

한국은 저출산·고령화로 생산가능인구가 감소하는 상황에서 노동시장 유연성 등이 선진국 대비 열위에 있어 4차 산업혁명 준비가 미흡하다고 평가받고 있다. 한 보고서에 따르면 4차 산업혁명 준비도 순위에 따르면 한국은 25위로 독일, 미국, 일본 등 선진국 대비 열위에 놓인 것으로 분석되고 있다. 특히 노동시장 유연성, 법률시스템 등이 미흡한 것으로 평가받고 있다.

4) 일자리의 미래와 우리의 대응

기술혁신 시대는 개인뿐 아니라 기업과 정부가 함께 노동환경에 대한 대비책 마련이 필요하다. 특히 개인의 준비가 중요하다.

개인은 기술의 변화로 인한 고용 대체 현상을 체감하고 디지털 시대의 기술 변화와 새로운 노동형태에 대한 이해와 이에 대한 준비가 필요하다. 변화하는 근로 환경과 방식에서 새로운 근로시간과 공간에 대한 기존 개념의 변화가 중요하다. 또한 전통적인 고용주와 고용인의 관계 구분이 모호해지고 독립적인 업무가 보편화되고 있는 지점에서 개인의 역할과 역량에 대한 냉철한 인식이 요구된다.

개인의 대응 못지않게 기업과 정부의 대처도 중요하다. 기업은 4차 산업혁명으로 인한 고용구조 변화에 능동적으로 대응하기 위해 첨단기술 인력 양성 및 재학습 교육과정 제공이 필요하며, 정부도 플랫폼 시대의 새로운 고용형태 및 노동환경을 위한 법,제도적 틀을 선제적으로 마련해야 한다. 그러나 예측하기 어려운 미래를 준비하고 대응하기 위한 우선적 주체는 자신이 되야 함을 잊지 말아야 한다.

 Level up Mission 1

기술혁신이 일자리에 미칠 영향에 대해 자신의 생각을 정리한 후, 이를 팀원들과 공유해 보자.

1. 일자리와 사회에 미칠 가장 대표적 신기술은 무엇이라 생각하는가?
2. 새로운 신기술은 우리의 일의 방식과 고용의 형태에 어떤 변화를 줄 것인가?

3. 프로티언 경력태도

1) 프로티언 경력태도의 배경과 개념

변하는 시대만큼 일과 경력에 대한 개념이 바뀌고 있다. 과거에는 개인의 직장 생활과 경력은 조직에 의해 관리되는 것으로 인식됐다. 그러나 시대가 변할수록 경력관리의 주체가 조직에서 개인으로 빠르게 이동하고 있다. 최근에는 일에 대한 환경과 상황 뿐 아니라 일에 대한 개인과 조직의 인식이 빠르게 변하고 있다. 이제 현대사회에서의 경력은 한 조직에서의 승진경로가 아니라 다양한 조직에서 쌓아가는 개인의 경험이 되었다. 일의 미래만큼 개인의 일에 대한 경험도 예측하기 어렵고 불안정한 사회가 되었다. 특히 경력관리는 조직 관리차원에서 개인 생애 차원으로 이동하는 것을 알 수 있다. 이와 같은 상황에서 개인의 자율성과 주도성이 기반이 되어 경력을 만들어 가는 것이 중요해졌다.

프로티언 경력은 새로운 경력 패러다임을 대표하는 개념으로 새로운 경력 변화의 특징들을 보여준다. 프로티언의 용어는 자유자재로 자신의 모습을 바꿀 수 있는 그리스로마 신화의 바다의 신 '프로테우스(Proteus)'에서 유래되었다. 용어의 유래처럼 프로티언 경력의 특징은 프로티언 경력의 정의에서도 살펴볼 수 있다. 프로티언 경력은 Hall에 의해 처음으로 그 개념이 소개되었다. 프로티언 경력이란 환경의 변화뿐만 아니라 개인의 가치나 관심에 따라 개인의 경력을 자기 주도적으로 개발하고 관리할 수 있는 경력이며, 프로티언 경력태도란 개인의 가치와 목표에 기반하여 경력을 주도적으로 발전, 관리하는 태도를 말한다.

2) 프로티언 경력태도의 구성요소

프로티언 경력태도는 크게 가치 지향성과 자기 주도성으로 구분한다. 두 가지 개념의 의미는 다음과 같다.

① 가치 지향성 (value-driven)

㉠ 개인의 요구, 동기, 능력, 가치, 흥미를 명확하게 하는 것이다.

㉡ 개인의 경력에 있어 성공의 기준이자 척도인 개인적 가치를 가지는 것이다.

개인 경력의 성공을 평가하거나 판단하는 기준이 되는 내적인 가치를 말한다. 이는 개인이 가장 중요하게 여기는 가치에 기초하여 경력 성공을 추구하는 정도로 표현할 수 있다. 여기서 의미하는 가치란 보수나 지위와 같은 외적인 성공이 아닌 자신의 고유한 가치에 기반한 심리적 성공으로 볼 수 있다.

가치 지향성이 높은 사람은 일반적으로 선호하는 외적인 보상보다는 자신만의 가치를 추구하여 경력을 만들어 가는 노력을 한다.

② 자기 주도성 (self-directed)

㉠ 변화하는 환경에 적응하고 학습할 수 있는 능력 및 동기부여를 갖는 것이다.

㉡ 독립심과 자신의 경력에 대한 책임을 갖는 것이다.

경력을 관리하는 데 있어 개인이 경력관리의 주체가 되어 주도성을 통해 관리하는 정도를 의미한다. 또, 자기 주도성은 일과 관련한 상황에서 개인의 의지와 노력을 강조한다. 외부 환경에 의해 어쩔 수 없이 경력환경에 순응하는 것이 아닌 자신의 의지와 뜻을 통해 스스로 경력을 개척하는 정도를 의미하기도 한다.

[표 4-1] 프로티언 경력태도의 구성요인

영역	구성요인
가치 지향성	개인의 요구, 동기, 능력, 가치, 흥미를 명확하게 하는 것
	개인의 경력에 있어 성공의 기준이자 척도인 개인적 가치를 가지는 것
자기 주도성	변화하는 환경에 적응하고 학습할 수 있는 능력 및 동기부여를 갖는 것
	독립심과 자신의 경력에 대한 책임을 갖는 것

 Level up Mission 2

 프로티언 경력태도에 대해 자신의 생각을 정리한 후, 이를 팀원들과 공유해 보자.

1. 프로티언 경력태도를 실천하고 있는 주변 사람을 찾아보자. 그들은 어떻게 프로티언 경력태도를 실천하고 있는가?
2. 최근 프로티언 경력태도가 부각되고 이유는 무엇 때문이라고 생각하는가?
3. 프로티언 경력태도를 가진 개인의 일자리 미래는 어떤 변화가 예상되는가?

학습평가 Quiz

1. 미래의 일자리에 대한 해석으로 적합하지 않는 것은?

   ① 예측 불가능성과 불안전성　　　② 고용의 안전성
   ③ 고용 형태의 변화　　　　　　　④ 첨단 기술의 진화

2. 다음 중 기술혁신에 따른 일자리의 전망에 해당하지 않는 것은?

   ① 기술에 대한 기대　　　　　　　② 기술혁신에 대한 우려
   ③ 기술이 일자리에 미칠 영향에 대한 우려　④ 일자리 양극화의 해소

3. 다음 용어 중 높은 근로 유연성에 해당하지 않는 것은?

   ① 고용 보장 경제　　　　　　　　② 공유경제
   ③ 긱 경제　　　　　　　　　　　④ 플랫폼 경제

4. 다음 중 아래 빈칸 안에 들어갈 말은 무엇인가?

   > (　　　)(이)란 개인의 가치와 목표에 기반하여 경력을 주도적으로 발전시켜 가는 개인의
   > 태도. 개인을 둘러싼 환경의 변화뿐 아니라 자신의 가치나 관심에 주도성을 갖고 경력을
   > 관리하는 것을 말한다.

   ① 자기 주도성　　　　　　　　　② 가치 지향성
   ③ 프로티언 경력태도　　　　　　④ 주관적 경력성공

5. 프로티언 경력태도의 구성요인 2가지를 적으시오.

학습내용 요약 Review

1. 새로운 움직임들이 일의 세계와 미래를 바꾸고 있다.

2. 초연결, 초지능화 시대 진입 등 기술의 변화에 따라 신규 직업창출 기대와 기존 직업 소멸의 우려가 동시에 대두하고 있다.

3. 프로티언 경력태도란 개인의 가치와 목표에 기반하여 경력을 주도적으로 발전시켜 가는 개인의 태도. 개인을 둘러싼 환경의 변화뿐 아니라 자신의 가치나 관심에 주도성을 갖고 경력을 관리하는 것을 말한다.

4. 프로티언 경력태도의 구성요인은 가치 지향성과 자기 주도성이다.

 스스로 적어보는 오늘 교육의 메모

근로윤리

일반목표

원만한 직업생활을 위해 직업인이 갖추어야 할 직업윤리 중에서 근면과 감사, 정직과 성실, 잡 크래프팅을 이해하고 실천할 수 있다.

세부목표

· 근면한 태도와 감사의 자세를 배양 할 수 있다.
· 정직과 성실한 태도로 주어진 업무를 수행 할 수 있다.
· 잡 크래프팅의 개념을 이해하고 업무 중에 적용 할 수 있다.

핵심단어

근면, 감사, 정직, 성실, 잡 크래프팅, 잡 크래프팅 구성요인

3
PART

근면과 감사

학습목표

· 근면한 자세를 실천할 수 있다.
· 직무 수행에서 감사를 적용할 수 있다.

핵심단어

일, 근면, 근면의 중요성, 감사, 감사의 방법

5
Chapter

리비아 사막의 불사조, 119프로젝트

1983년부터 시작된 리비아 대수로 공사에서 동아건설의 기술자들은 거의 2000km에 달하는 1단계 공사를 마무리하고 사막에 물을 흐르게 하는 기적의 강을 만들어 냈다. 그리고 1990년에 다시 시작된 2단계 공사는 2000년 10월, 5%의 공정을 남겨 두고 감동의 통수식을 기다리고 있었다. 그러나 회사의 최종 부도소식은 리비아에 있는 현지기술자들을 절망 속으로 몰고 갔다. 리비아 정부는 부도가 난 회사에 더 이상 공사를 맡길 수 없다고 판단하고 한국정부에 위약금으로 총 13억 달러를 청구했다. 하지만 2단계 공사를 다른 업체로 교체할 경우 공사기간이 1년 정도 길어지는데다 이미 완공한 1단계 공사의 하자보수 처리에 문제가 생길까 봐 고민이 됐다. 결국 고민 끝에 리비아 정부는 한국 측에 긴급제안을 했다. 그것은 바로 2단계 공사 중, 타루나–제프라 구간 24km에 119만 톤의 물을 긴급 공급하라는 것, 일명 119프로젝트를 완성하는 것이었다.

파산한 회사가 단 10개월 만에 24km의 수로 공사를 한다는 것 자체가 무리였다. 하지만 리비아 현지 3500여 명의 우리 기술팀은 긴급회의를 열어 119프로젝트를 반드시 완수하겠다는 결의를 다졌다. 회사를 살릴 수 있는 마지막 기회라는 생각과 19년에 걸친 대수로 공사를 반드시 우리의 손으로 마무리해야 한다는 한국 기술진의 자존심이 바탕이 되었다. 119프로젝트의 공사 구간은 리비아 현지인들도 두려워하는 사막의 험난한 산악지대였다. 또한 우기(1,2월)에 모래바람이 몰아치는(3,4월) 최악의 상황이었다. 게다가 사용한 지 20여 년이 지나 고장이 잦은 중장비와 100만 km 이상을 뛴 송수관 수송차량으로 공사기간을 맞춘다는 것은 불가능한 일이었다. 그러나 그들은 반드시 해내고 말겠다는 신념으로 모래바람을 이겨냈고, 50도를 넘나드는 더위와 싸우며 점점 목표에 다가갔다. 그런 노력 끝에 드디어 타루나–제프라 구간 24km에 119만 톤의 물을 공급하는 데 성공했다. 그것은 밤낮을 가리지 않고 땀 흘려 일한 우리 기술진들의 눈물겨운 신화였다.

출처: 한국산업인력공단.

1. 근면의 개념은 무엇인가?

2. 근면의 원천에는 무엇이 있는가?

3. 근면의 중요성은 무엇인가?

4. 근면의 종류에는 무엇이 있는가?

5. 감사의 효과에는 무엇이 있는가?

1. 근면의 의미

1) 근면의 개념

근면(勤勉)의 사전적 의미는 부지런히 일하며 힘씀이다.(표준국어대사전) 일반적으로 꾸준하고 부지런함을 의미한다. 비슷한 표현으로는 '착실', '견실', '신실' 등이 있다. 근면성은 사람의 부지런한 품성을 의미하며 직장 생활을 하는 사람들에게 그 역할을 수행하는 데 있어 필수적으로 요구되는 대표적 성품 중 한가지다.

그 외에도 근면은 목적에 대해 신체적, 인지적 힘을 지속하여 투입하려는 심리적 태도로도 볼 수 있다. 또한 생산적인 과업에서 열심히 일하는 특성, 꾸준하고 습관적인 노력 그리고 높은 열망을 지니고, 목표를 성취하기 위해 열심히 일하고, 부지런하고 목적 지향적이며, 일을 완수하기 위해 스스로 동기부여하는 능력으로 해석하기도 된다.

2) 근면의 원천

① 이해관계에 기초한 근면

개인의 이해관계 이익과 관련한 문제에 있어서 사람들의 근면한 모습을 보일 때 해당된다.

② 과거 보상과 처벌 경험에 따른 근면

근면으로 인해 과거에 보상을 받은 적이 있거나 혹은 반대로 근면하지 않음으로 인해 처벌을 받은 경험으로 인해 근면한 모습을 하는 경우에 해당된다.

③ 타인과의 상호작용에서 비롯한 근면

대인관계 속에서 근면한 모습을 보이는 경우 혹은 타인의 영향력으로 인해 근면하게 행동하는 경우에 해당된다.

④ 사회문화가 내면화된 근면

자신이 속한 조직이나 사회문화 속에서 자연스럽게 근면하게 행동하는 경우에 해당된다.

3) 근면의 개념적 특성

① 고난의 극복

근면은 행위자가 환경과의 대립을 극복해나가는 과정에서 발현된다. 근면은 과거의 고난을 극복한 경험을 통해 형성되고, 현재의 고난을 극복할 수 있는 자원이 된다.

② 비선호의 수용 차원에서 개인의 절제나 금욕을 반영

과거에는 사치와 향락, 소비를 거부하고 이윤 축적의 직업윤리를 수행해 왔다. 즉 근면은 고난을 극복하기 위해서 금전과 시간, 에너지를 사용할 수 있도록 준비하는 것이다.

③ 장기적이고 지속적인 행위 과정으로 인내를 요구

근면이란 끊임없이 달성이 유예되는 가치 지향적인 목표 속에서 재생산된다고 볼 수 있다. 예컨대 경제개발에서 공업국가의 꿈은 그 꿈이 근접할 때 선진국으로 다시 초일류국가로 전환되면서 달성 시점을 유예한다.

근면의 특성에서도 볼 수 있듯이 근면과 인생의 성공은 표리 관계에 있다. 근면하기 때문에 성공한 사람은 있어도, 게을러서 성공했다는 사람의 이야기는 동서고금을 막론하고 쉽게 찾아볼 수 없다. 물론 근면한 것만으로 성공할 수 있다는 얘기는 아니지만, 근면한 것은 성공을 이루게 하는 기본 조건이다.

2. 근면의 중요성과 종류

1) 근면의 중요성

① 근면은 생존을 위한 조건이다.

근면하면 살아남지만 근면하지 못하면 무너진다. 근면의 반대말 중 하나는 게으름이

다. 개인의 근면은 지속적인 업무와 역할을 부여한다. 게으름은 개인에게서 업무와 역할을 뺏는다.

② 근면은 성장을 위한 조건이다.

근면하지 않으면 발전할 수 없다. 모든 성장은 근면의 영양분을 먹어야 자랄 수 있다. 근면의 노력은 개인을 더 발전된 모습으로 자라게 돕는다.

③ 근면은 보람을 준다.

근면하게 일하고 성취하는 순간, 자신이 목표로 하는 일을 근면하여 달성할 때 사람은 보람과 만족을 느낄 수 있다. 근면은 일의 결과 뿐 아니라 과정에서도 개인에게 만족감과 보람을 줄 수 있다.

2) 근면의 종류

① 외부로부터 강요당한 근면

생계를 위해 어쩔 수 없이 일한다는 생각에서 기인한다. 일의 주도권이 자신에게 없다고 생각할 때 나오는 모습이다. 이런 경우 일을 하는 경우에 재미와 즐거움을 갖고 일하기가 어렵다. 같은 조건의 수행 상황에서도 자발성과 즐거움이 부족하며 주변 사람에게도 부정적 영향을 미치게 된다.

② 자진해서 하는 근면

자신을 발전시키고 자아를 확립시켜 나가려는 태도와 관련있다. 스스로 목표를 세우고 노력하는 자세를 기반으로 움직일 때 보이는 모습이다. 무조건적인 수용이 아닌 주어진 상황에 대한 사유와 목적에 대한 사고를 기반으로 맡겨진 일을 수행할 때 보여지는 모습이다. 자진해서 하는 근면은 적극적이고 능동적인 태도가 바탕이 된다. 자발적인 근면은 주변에 긍정적 영향을 미치게 된다.

☎ 아래 글을 읽고 본인의 생각과 의견을 정리한 후, 이를 팀원들과 공유해 보자.

아이히만은 이아고도 맥베스도 아니었고, 또한 리차드 3세처럼 "악인임을 입증하기로" 결심하는 것은 그의 마음과는 전혀 동떨어져 있는 일이었다. 자신의 개인적인 발전을 도모하는 데 각별히 근면한 것을 제외하고는 그는 어떤 동기도 갖고 있지 않았다. 그리고 이런 근면성 자체는 결코 범죄적인 것은 아니다. 그는 상관을 죽여 그의 자리를 차지하려고 살인을 범하지는 않았을 것이다. 이 문제를 흔히 하는 말로 하면 그는 단지 자기가 무엇을 하고 있는지 결코 깨닫지 못한 것이다. (……) 그는 어리석지 않았다. 그로 하여금 시대의 엄청난 범죄자들 가운데 한 사람이 되게 한 것은 철저한 무사유(sheer thoughtlessness)였다. (……) 이처럼 현실로부터 멀리 떨어져 있다는 것과 이러한 무사유가 인간 속에 아마도 존재하는 모든 악을 합친 것보다 더 많은 대파멸을 가져올 수 있다는 것, 이것이 사실상 예루살렘에서 배울 수 있는 교훈이었다. (……) 아르헨티나와 예루살렘에서 회고록을 쓸 때나 검찰에서 또는 법정에서 말할 때 아이히만의 말은 언제나 동일했고, 똑같은 단어로 표현되었다. 그의 말을 오랫동안 들으면 들을수록, 그의 말할 수 없음은 그의 생각할 수 없음, 즉 타자의 입장에서 생각할 수 없음과 매우 깊이 연관되어 있음이 점점 더 분명해진다. 그와는 어떤 소통도 가능하지 않았다. 이는 그가 거짓말을 하기 때문이 아니라, 그가 말과 타자의 현존을 막는, 따라서 현실 자체를 튼튼한 벽으로 에워쌌기 때문이다.

출처: 한나아렌트, 〈예수살렘의 아이히만〉 중에서

근면의 한자어에는 모두 힘 력(力)자가 들어간다. 힘을 쓰지 않으면 우리의 삶에서 긍정적 변화는 어렵다는 의미이다. 힘을 쓰지 않는 것은 게으른 것이고 할 일을 뒤로 미루는 것이다. 힘을 쓰지 않으면 당장은 편할 수 있다. 그러나 뒤로 미루거나 결정하지 않으면 대가를 치러야 하는 순간이 온다.

3) 우리 사회의 근면성

한국사회에서 근면이 중요한 역할을 해왔다는 점은 한국인의 의식 구조와 문화에서 다양하게 확인할 수 있다. 일례로 한국인의 이미지에 대한 조사에 의하면, '근면'과 '일중독'이 한국인의 대표적인 생활양식과 노동양식의 이미지로 나타난다. 이처럼 근면은 한국사회 내부의 긍정적 측면과 부정적 측면을 함께 반영하고 있다.

먼저 근면은 해방 후 한국사회의 근대화와 경제개발을 이끈 주요한 동력으로 인식된다. 가난과 전근대의 이중적 굴레 속에서 한국사회는 근면이 가난을 이기는 유일한 수단이라고 이해하였다. 반면 국가와 공동체의 번영이 개인보다 중시되면서 노동이 극대화된 점과 과도한 자기계발과 노동 중독 등의 현상은 개인의 삶의 질을 저해하는 원인으로 지목되기도 한다. 실제로 한국의 연간 노동시간은 경제협력개발기구(OECD) 회원국 중 3위인 반면 시간당 노동생산성은 25위로 나타나고 있다. 2018년 기준 OECD 회원국의 임금근로자 연간 근로시간을 보면 우리나라는 1967시간으로 당해 통계가 작성된 국가 중 멕시코와 코스타리카에 이어 세 번째로 길었다. 독일과 일본, 미국 같은 주요국의 연간 근로시간이 각각 1305시간, 1706시간, 1792시간이라는 점을 고려하면 아직도 근로시간이 매우 긴 편이다. 반면 한국의 시간당 노동생산성은 39.6달러로 OECD 36개 회원국 중 28위이다. 1위인 아일랜드는 99.7달러, 미국(7위)은 70.8달러로, 한국은 OECD 상위 50% 국가 노동생산성의 절반 수준이다.

"20세기 성장을 육체노동의 생산성 향상이 이끌었다면, 21세기는 지식노동의 생산성이 이끌어야 한다." 피터 드러커(Peter Druker)가 한 말이다. 하지만 우리는 일의 본질이라 할 수 있는 성과를 버리고 그저 바쁘게 보이는 것에만 만족하고 있는지도 모른다. 사업(Business)보다는 그냥 바쁘기(Busyness)를 택한 것처럼 보인다.

농업 기반의 사회에서 근면은 미덕이었고 남보다 부지런하면 일을 잘하는 것이었고, 남들이 일할 때 가만히 있으면 그 자체가 악덕이었다. 이러한 '농업적 근면성'이 우리의 일상생활과 일을 지배해 온 것이다. 그러나 미래 사회에서는 단순히 열심히 오래 일하는 것이 아니라 창의성이 중요하다. 일하는 양보다 일의 질이 중요한 시대에 '농업적 근면성'에서 비롯한 양 중심 사고가 지식사회 적응에 발목을 잡을 수도 있다.

물론 창의와 혁신이 중요하다고 해서 근면을 부정하는 것은 아니다. 게으름이 미덕은 아니지만 단순히 바쁜 것만으로는 지식사회를 이끌 수 없다는 것이다.

따라서 앞으로의 근면은 좀 더 다른 방식으로 구현될 필요가 있다. 즉 조직이나 타인 등 외부로부터 요구되는 일과 노동을 수행하기 위한 근면보다는 개인의 성장과 자아의 확립, 나아가 행복하고 자유로운 삶을 살기 위한 근면으로 구현될 필요가 있다.

3. 감사

1) 감사의 의미

표준국어대사전에 따르면 감사(感謝)는 '고마움을 나타내는 인사' 혹은 '고맙게 여기는 마음'으로 정의를 내리고 있다. 감사는 고마움을 나타내는 인사, 고맙게 여김, 또는 그런 마음을 의미한다.

피츠제럴드(Fitzgerald)는 감사를 누군가 혹은 어떤 것에 대한 따뜻한 인정(appreciation)과 사람 혹은 사물을 향한 선한 마음(goodwill) 그리고 인정과 선한 마음으로부터 흘러나온 행동하기 위한 특질이라 했다.

타인의 자애로움(benevolence)을 받았음을 인식하고, 후에 삶에서 다른 누군가를 돌보기 위한 더 강력한 동기부여를 가진 반응으로 해석하기도 한다. 또한 감사를 표현하는 것의

중요성을 인정하며, 받은 선물로서 삶을 음미하는 태도로 보기도 하며, 좋은 결과에 대한 인식과 그 결과가 외부에서 왔음에 대한 인식을 감사로 해석하기도 한다. 그 외 자신에게 이익을 준 특정 대상에 대해 인식하여 느껴지는 정서로 적응적인 행동 경향성을 가진 특성으로 보기도 한다.

감사(gratitude)는 호의(kindness)와 기쁘게 함(pleasing)을 뜻하는 라틴어 'gratia', 'gratus'에서 유래되었으며, 선물(gifts), 친절(kindness), 관대함(generousness), 주고받는 것의 아름다움(the beauty of giving and receiving), 아무 대가 없이 무언가를 얻는 것(getting something for nothing) 등의 의미와 연관된다. 이와 같이 감사는 다양한 관점에서의 해석이 가능하다.

감사는 최근 긍정심리학(positive psychology)의 발전으로 가치가 재발견되어 활발히 연구되어 왔으며 관점에 따라 정서나 태도, 도덕성, 강점, 성격 특성, 대처반응 등 다양하게 정의될 수 있다.

지금까지의 다양한 해석을 기반으로 감사에 대한 정의는 크게 2가지 유형으로 나뉠 수 있다. 첫째, 하나의 요소에 집중하며 감사를 정의한 유형이다. 감사를 좋은 일과 외부 제공 대상에 대한 인식에 초점을 맞추어 인지적 관점으로 정의할 수 있고, 감정에 기반한 정서적 상태로 정의할 수 있다. 둘째, 2개 이상의 복합적 요소로 감사를 정의한 유형이다. 대상에 대한 인식과 감정적 정서를 모두 포함하여, 감사를 정의할 수 있다.

2) 감사 기질이 강한 사람의 특징

① 감사를 더 강하게 느낀다.

작은 상황에서도 감사에 더 민감하게 반응하며 강도도 더 강하다. 마음 속 깊은 곳에서의 감사가 있을 때 가능하다.

② 감사를 더 자주 느낀다.

감사를 더 자주 느낀다는 것은 일상에서 감사할 내용을 더 잘 발견한다는 의미기도 하다. 개인적 범위 뿐 아니라 주변의 상황 속에서도 감사의 이유를 찾곤 한다.

③감사의 대상을 더 넓게 인식한다.

초점을 자기에만 맞추지 않고 주변의 사람과 공동체, 지역사회까지 감사의 상황을 인식하고 받아들인다.

④더 깊은 감사의 내용이 있다.

감사의 강도와 비례한다. 이것은 삶과 사람에 대한 진정성이 있어야 가능하다.

3) 감사의 효과

①감사는 개인의 삶을 긍정적이고 건강하게 만든다.

감사를 표현하는 것은 긍정적인 상황 뿐 아니라 만족스럽지 못한 상황에서도 할 수 있다. 어려운 환경에서 감사의 조건을 찾는 노력을 통해 우리는 긍정성을 키우는 연습을 하게 된다. 긍정적인 자세는 우리의 내면을 건강하게 만든다.

②감사는 우리의 직장 생활을 행복하게 만든다.

물론 직장 생활의 행복에 영향을 주는 요소는 여러 가지가 있다. 임금상승, 승진과 같은 외적인 보상부터 대인관계나, 상사, 동료들로부터의 인정 등의 내적 요인까지 다양한 요소가 직장 생활의 행복에 영향을 미친다. 감사는 외적인 요소에 의한 것이 스스로의 정신 작용과 의지를 통해 자신을 행복하게 만들 수 있는 요소 중 하나다. 직장 생활의 여러 가지 일들을 감사하게 생각할 때 우리는 더 행복한 직장 생활을 할 수 있다.

③감사는 대인관계를 좋게 만든다.

감사는 대인관계에서 긍정적 경험을 제공한 대상을 인정하고 그에 대한 감정을 표현하는 것이다. 상대방에게 감사를 표현하면 상대방의 마음은 열리게 된다. 관계에서는 친밀감이 올라간다. 더 돈독한 대인관계를 쌓을 수 있다.

 Level up Mission 2

☎ 자신의 경험을 바탕으로 감사에 대해 자신의 생각을 정리한 후, 이를 팀원들과 공유해 보자.

    1. 주변에서 감사의 대상에는 누가 있는가?
    2. 구체적인 감사의 제목과 이유에는 무엇이 있는가?
    3. 감사의 효과에는 무엇이 있는가?

4) 직무 수행 중에 감사를 잘하기 위한 방법

① 감사의 타이밍을 잡아라.

생각이 많아지면 행동이 느려진다. 감사를 제대로 표현하지 못한다면 상대방이 우리의 마음을 알 수 없다. 좋은 일은 미루지 말고 하자.

② 형식적인 감사를 주의하라

감사를 표현하는 것은 자발적이고 진정성이 있어야 한다. 특히 자발적으로 감사를 표현하는 행위가 될 때 하는 본인과 받는 상대방 모두 도움이 된다. 그러나 억지로 한다거나 감사를 표현하는 것 자체가 스트레스라면 다시 한번 생각해 볼 필요가 있다.

③쾌락 적응을 주의하라

호의가 반복되거나 좋은 것도 익숙해지면 감사하는 마음이 줄어든다. 누리는 모든 것을 당연하게 생각하지 말고 새롭게 인식하는 의식적인 노력이 필요하다.

④감사를 표현하는 연습을 한다.

다양한 방법으로 감사를 표현하는 시도를 해본다. 자신에게 감사를 표현하는 것 외에 누군가에게 고마움을 표현하고자 할 때는 상대방이 우리의 마음을 느낄 수 있도록 다양한 방법을 시도해 볼 수 있다. 모든 감사가 돈이 드는 것이 아니다. 따뜻한 말 한마디의 표현이 때로는 값비싼 선물보다 더 마음을 담을 수 있다. 친절과 선행으로 감사를 표현할 수도 있다. 새롭고 다양한 방법으로 고마운 마음을 상대방에게 표현할 수 있다.

 학습평가 Quíz

1. 다음 중 근면(勤勉)과 유사한 의미에 해당하지 않는 것은?

① 신실　　　　　　　　　　　② 배려
③ 착실　　　　　　　　　　　④ 성실

2. 다음 중 근면의 원천과 거리가 먼 것은?

① 이해관계에 기초한 근면　　　② 종교적 신념을 바탕으로 한 근면
③ 타인과의 상호작용에서 비롯한 근면　④ 사회문화가 내면화된 근면

3. 다음 중 근면의 중요성에 해당하지 않는 것은?

① 근면은 생존을 위한 조건이다　② 근면은 보람을 준다
③ 근면은 성장을 위한 조건이다　④ 근면은 개성을 준다

4. 다음 중 감사의 효과가 아닌 것은?

① 개인의 삶을 긍정적으로 만든다　② 대인관계를 좋게 만든다
③ 직장 생활을 행복하게 만든다　④ 감사는 특별한 효과가 없다

5. 직무 수행 중 감사를 잘 하기 위한 방법을 적으시오.

학습내용 요약 Review

1. 근면(勤勉)의 사전적 의미는 부지런히 일하며 힘씀이다. 일반적으로 꾸준하고 부지런함을 의미한다. 비슷한 표현으로는 '착실', '견실', '신실' 등이 있다.

2. 근면의 원천으로는 이해관계에 기초한 근면, 과거 보상과 처벌 경험에 따른 근면, 타인과의 상호작용에서 비롯한 근면, 사회문화가 내면화된 근면이 있다.

3. 근면의 중요성은 우리에게 생존, 성장의 조건이며 보람을 주는 것이다.

4. 감사의 기질이 강한 사람은 감사를 더 강하게, 더 자주 느끼고 감사의 대상을 더 넓게 인식한다.

5. 감사를 잘 하기 위한 방법은 감사의 타이밍 잡기, 형식적인 감사와 쾌락 적응의 주의, 감사 표현의 연습 등이 있다.

 스스로 적어보는 오늘 교육의 메모

정직과 성실

차례

학습목표

· 정직의 자세를 습득하고 배양할 수 있다.
· 성실의 자세를 습득하고 배양할 수 있다.

핵심단어

일, 정직, 성실, 근로윤리

6
Chapter

정직과 진실이 성공의 비결

서울에 있는 한 은행에서 융자를 받아 작은 규모의 사업을 운영하던 최모씨라는 어느 장사꾼이 있었는데 그는 6.25 전쟁이 일어나자 한시바삐 피난을 떠나야 할 형편이었다. 그런데 피난길에 오를 준비하던 중 그는 자신이 빌린 돈을 은행에 갚아야 할 기일이 된 것을 알고 돈을 준비해 은행에 갔다. 전쟁이 나자 사람들은 돈이 될 만한 것이면 뭐든 챙겨서 떠나는 상황이었는데, 최씨는 거꾸로 돈을 들고 은행을 찾아 간 것이다.

"여기 빌린 돈을 갚으러 왔습니다."

최씨는 돈이 든 가방을 열며 은행 직원을 불렀다. 은행 직원은 남자를 보고 매우 난처한 표정으로 말했다.

"빌린 돈을 갚겠다고요? 전쟁 통에 융자 장부가 어디 있는지도 모릅니다. 장부의 일부는 부산으로 내려보냈고, 일부는 분실됐습니다. 돈을 빌린 대부분의 사람은 돈을 갚지 않아도 된다고 생각하는 마당에…그래도 갚으시게요?"

은행 직원의 말에 최씨는 잠시 어떻게 해야 할지 망설였다. 갚을 돈을 은행 직원에게 준다고 해서 그 돈을 은행 직원이 자기 주머니에 넣지 않는다는 보장도 없었다.

그러나 최씨는 여러 생각 끝에 돈을 갚기로 하고, 은행 직원에게 빌린 돈을 갚을 테니 영수증에 돈을 받았다는 도장을 찍어달라고 했다. 결국 은행 직원은 채무자의 뜻에 따라 돈을 받고 자신의 인감도장이 찍힌 영수증을 건네주었다.

6.25전쟁 중 최씨는 가족들을 데리고 제주도로 피난을 가 군납사업을 시작했다. 신선한 생선을 공급하는 일을 맡게 되어 갈수록 물량이 많아지자, 그는 원양어선을 사야겠다고 마음먹었다. 그러나 수중에 돈이나 담보물이 전혀 없어 자신의 능력만으로는 도저히 배를 사들일 수 없는 막막한 처지였다.

최씨는 사업자금을 마련하기 위해 큰맘 먹고 부산의 어느 은행을 찾아가 사업자금 융자를 신청했다. 그러나 은행에서는 전쟁이 막 끝난 후라 모든 것이 불확실한 상황에서 융자는 위험하다고 판단하여 그의 요청을 거절했다.

융자받기를 포기하고 은행 문을 나서 한참을 가다가, 문득 자신이 전쟁 중 피난길에 서울에서 갚은 빚이 잘 정리되었는지 알아봐야겠다는 생각이 들었다. 발길을 돌려 예전에 은행에서 받아 보관하고 있던 영수증을 은행 직원에게 보여주며 당시 상황을 소상히 말해주었다. 그리고 이 한 장의 영수증이 최씨의 모든 상황을 바꿔놓았다. 영수증을 본 은행 직원은 깜짝 놀라 소리쳤다.

"아! 바로 당신이군요. 피난 중에 빚을 갚은 사람이 있다고 전해 들었을 때 세상에 이런 사람

도 있구나 생각했는데? 당신의 정직함은 은행가의 전설처럼 회자되고 있답니다."

직원은 그를 은행장의 방으로 인도했고, 은행은 "당신처럼 진실하고 정직한 사업가를 만나본 적이 없다."라고 말하면서 필요한 금액을 흔쾌히 신용융자해 주었다. 최씨는 융자받은 사업자금과 은행권의 신용을 바탕으로 성공적인 사업을 펼쳐 나갔다. 정직이란, 어떠한 상황에서도 생각, 말, 행동을 거짓 없이 바르게 표현하여 신뢰를 얻는 것이다. 정직의 성품으로 한국의 존경받는 경영자가 된 그가 바로 한국유리공업주식회사의 설립자인 최태섭(1910~1998) 회장이었다.

출처: http://blog.daum.net/hahaha46/2345

사전질문

1. 정직이란 무엇인가?

2. 정직과 유사한 용어에는 무엇이 있는가?

3. 근로윤리에서 정직이 중요한 이유는 무엇인가?

4. 성실이란 무엇인가?

1. 정직

1) 정직의 의미

> 정직(正直)
>
> 마음에 거짓이나 꾸밈이 없이 바르고 곧음을 말한다. (표준국어대사전)

'정직(正直)'이란 말을 최초로 언급한 서경(書經)과 시경(詩經)에서는 '이치에 어긋남이 없고, 왜곡됨이 없으며, 임금의 도리는 곧을 것이다'라고 하여 임금이 갖추어야 할 첫째 덕목으로 지적하고 있다.

맹자의 인의도덕론(仁義道德論)에서는 피아제(Piaget)나 콜버그(Kohlberg)와 같이 옳고 그름을 분별하는 마음, 부끄럽게 여기는 마음, 양보하는 마음 등의 세 가지 마음을 정직성의 기초로 보았으며, '정직'은 인간이 선천적으로 갖추고 있는 것으로서 이것을 드러내는 양심은 '생각지 않아도 아는 능력(良知)과 배우지 않아도 가능한 것(良能)'으로 다루어졌다.

인간 사회에서 정직은 어떤 의미가 있을까? 사람은 혼자서는 살아갈 수 없으므로 다른 사람과 협력을 해야 하며, 그것이 확대된 사회시스템 전체가 유기적으로 움직여야 한다. 사람은 모든 정보를 다 파악할 수 없으므로 협력에 필요한 판단이나 행동을 다른 사람이 전달하는 것에 의존할 수밖에 없다.

또한 다른 사람이 전하는 말이나 행동이 사실과 부합된다는 신뢰가 없다면 일일이 직접 확인해야 하고 그렇게 되면 사람들의 행동은 상당히 제약을 받을 수밖에 없으며, 보다 큰 조직과 사회체제의 유지 자체가 불가능해진다. 사회시스템은 구성원 서로의 신뢰가 있어야 운영이 가능한 것이며, 그 신뢰를 형성하고 유지하는 데 필요한 가장 기본적이고 필수적인 규범이 바로 정직인 것이다. 물론, 정직이 신뢰를 형성하는 충분한 조건은 아니다. 신뢰를 얻기 위해서는 정직 이외에도 약속을 잘 지키거나 필요능력을 갖춰야 하는 등의 다른 필요 사항도 있어야 하겠지만 정직이 신뢰를 위해서는 빠질 수 없는 요소인 것만은 틀림없다.

[표 6-1] 정직과 유사한 개념

범주	기준	유사성	진술문
원칙 주의	개인 내적 양심에 거리낌이 없고 바른 마음가짐	양심적인	속이 깊음, 평온한 마음가짐, 마음가짐이 바름
		신뢰	믿을 만한, 소신이 있는
		이성적인	이성적인, 흔들리지 않음
		고지식한	손해 보는 성격, 우직함, 융통성이 없음, 고지식한, 어울리기 어려운
진실성	거짓없이 있는 그대로 말하고 행동하려는 특성	거짓말하지 않기	거짓말하지 않기
		진실 말하기	거짓없이 사실 추구하기, 사실을 그대로 이야기 하기, 진실을 말하기, 솔직하기, 얄미워 보임
		속이지 않기	숨기지 않기, 속이지 않기, 꿍꿍이 없는, 겉과 속이 같은, 언행일치
정의성	옳고 의로운 일을 추구하려는 행동 특성	용기	남에게 끌려다니지 않기, 주변의 비난을 받을 확률높음, 의지가 곧음, 신념지키기, 대범함, 진실을 말할 수 있는 용기
		공정	자신의 이해관계에 얽매이지 않기, 자신의 잘못 인정하기, 나와 남을 같게 생각하기, 공정하기
		정의로운	불의와 타협하지 않기, 의로운 일 행하기, 정의를 실현하기, 옳은 일 하기, 올바른 것을 추구하기,
충실성	꾸준하고 성실하며 책임감있는 태도	성실	성실한, 바른 가치관 지니기, 바른 생활, 자신과 남에게 떳떳하기
		책임	양심의 가책을 느낌, 억지 부리지 않기, 책임지기
		일관성	일관적인, 객관적으로 행동하기, 사리분별하기, 물질 앞에서 의연하기
준법성	사회적 관계 속에서 규칙이나 규범과 같이 지켜야 할 일을 준수하려는 행동특성	타인에게 피해주지 않기	피해주지 않기, 나쁜 일 하지 않기, 노력이상의 몫을 탐내지 않기
		법과 질서 규칙 준수	편법하지 않기, 부정행위 하지 않기, 법질서 준수, 부끄러움 없기, 스스로 규칙 지킴, 규율에 맞는, 예외없는
		배려하는	배려하는, 타의 모범, 법 없이 살 수 있음, 비밀을 누설하지 않기, 과장되지 않기

• 출처: 장희선(2015)

2) 정직과 유사한 개념

정직에 대한 개념은 일반적으로 추상적으로 인식된다. 장희선은 정직에 대한 개념도 연구에서 초등학생부터 일반인이 인식하는 정직의 개념을 [표 6-1]과 같이 정리했다.

이와 같이 정직의 개념은 일상생활에서 복잡한 요인들과 관련이 있기 때문에 행동자의 맥락에 따라 다양하게 인식되고 있다. 사람들이 인식하고 있는 정직의 개념은 추상적이고 모호하다. 그러나 직장 생활과 사회생활에 있어서 보다 명확한 정직에 대한 개념이해와 구체적인 적용이 중요하다. 기본적으로 정직한 태도를 가진 사람은 거짓말을 하지 않고 속이지 않는다는 것을 알 수 있다. 정직은 거짓 약속을 하지 않는다. 또한 말한 그대로 행하는 것이다. 그래서 정직한 사람은 언행일치, 즉 말과 행동이 일치하는 사람이다. 겉과 속이 다른 이중적인 사람은 정직과는 거리가 멀다. 이러한 사람은 주변에 믿음을 줄 수 없다.

3) 정직의 중요성

정직성이 결여되는 것은 기본적으로 독창적인 아이디어와 신속한 실행에 장애가 될 뿐만 아니라 자신의 기량을 발휘하는 것을 방해한다. 비록 모든 사람이 완벽하게 정직해질 수 없겠지만 정직해지면 모든 것이 보다 신속하고 훌륭하게 운영될 수 있다.

정직성의 결여라는 것은 반드시 악한 의도를 가지고 거짓말을 한다는 의미가 아니다. 너무 많은 사람들이 너무나도 자주, 본능적으로 자기 자신을 솔직하게 표현하지 않는다. 사람들은 대화를 직설적으로 하지 않으면 진정한 논쟁을 이끌어 낼 목적으로 아이디어를 제시하지도 않는다. 사람들은 마음을 열지 않으려고 하기 때문에 비평이나 비판도 자제하며 다른 이들의 마음을 상하지 않게 하기 위해 혹은 갈등을 피하기 위해 입을 다물고 체면 차리기에 급급하다. 그러나 솔직하게 평가하고 솔직하게 평가 받을 수 있는 정직성이야말로 가장 중요한 자산이다.

사례

우리 사회의 정직성

한국인의 92%가 자기의 종교와 상관없이 유교적인 방식으로 사고하고 행동한다는 연구결과는 우리 사회에서 '도덕'이나 '윤리'가 유교의 전통적 가치와 밀접하게 관련이 있음을 나타낸다. 또한 우리 사회에서는 개인의 행위가 도덕적으로 옳은지 그른지를 판단할 때 유교의 영향으로 집단의 조화를 위한 판단을 우선시하는 경향을 보인다.

유교의 전통적 가치는 우리 사회에 덕행을 실천할 수 있는 규범적 틀을 마련했다는 점에서 긍정적 영향을 지니고 있지만, 관계에 기초한 가치를 강조함에 따라 가족주의와 연고주의, 집단주의의 배타적 이익 추구 행태, 더 나아가 부정부패와 비리 행위로까지 연결되기도 한다.

관계 지향적인 유교의 전통 가치는 근본적으로 사적 윤리이다. 그렇기에 친밀 관계에 있는 사람의 위법이나 부정을 용인 또는 묵인하는 행위를 부도덕하다고 인식하지 않으며, 이에 대한 죄책감을 둔화시킨다. 이렇게 유교의 전통적 가치는 '정직'이라는 규범적 의미를 이해하는 행위와 '정직 행동'을 선택하는 행위 사이에서 괴리를 발생하게 하는 요소로 작용할 수 있다.

따라서 한국사회는 현대사회에 필요한 도덕성을 제대로 육성하지 못한 채 근대적 가치 속에서 도덕적 위기에 직면하고 도덕적 발전 방향을 상실하였다는 평가를 받고 있기도 하다. 한국사회의 도덕적 위기로 인한 문제는 해마다 그 심각성이 거론되고 있는데, 우리 사회에서 흔히 일어나고 있는 각종 비리와 부정부패의 문제나 국가별 부패인식지수 결과보고가 그 예라 할 수 있다.

국제투명성기구(TI; Transparency International)에서 발표한 국가별 부패인식지수(CPI; Corruption Perception Index)에 따르면 우리나라는 국가별 순위에서 2010년 39위, 2011년 이후 줄곧 40위권에 머물렀고 2019년, 9년 만에 세계 180개국 중 39위를 회복하였다. 이러한 결과는 우리나라의 도덕적 위기에 대한 심각성을 보여 주고 있다. 우리 사회의 심각한 도덕적 위기 문제는 근본적으로 정직성의 문제를 의미하는 것이라고 할 수 있다.

출처: 한국산업인력공단

4) 정직이 주는 유익

① 마음의 안정

정직은 솔직하고 속이지 않는 것을 포함한다. 남을 속이거나 거짓을 말하는 경우 사람들의 마음은 불안해진다. 정직은 정직으로, 거짓은 또 다른 거짓으로 이어질 확률이 높다. 거짓은 번뇌를 주고 정직은 안정을 준다.

② 성숙한 대인관계

정직하면 주변에 좋은 사람들이 모인다. 사람들은 믿을 수 있고 예측가능한 사람을 선호한다. 좋은 사람들과의 만남은 개인의 성장에 도움을 준다. 서로가 서로에게 도움을 주는 성숙한 대인관계가 가능해진다.

③ 신뢰의 제공

사람들은 정직한 사람을 신뢰한다. 믿을 수 있기 때문이다. 신뢰와 신용은 사업과 업무의 기초다. 정직하지 않으면 즉, 신뢰를 주지 못하면 자신의 역할을 성공적으로 수행하는데 어려움을 겪는다. 반대로 정직하면 일을 보다 원활하게 끌고 갈 수 있다.

④ 장기적 성공의 길

정직의 최고의 정책이라는 말이 있다. 정직하면 오래 갈 수 있다. 잠깐의 성공을 위한 꼼수는 지속되기 어렵다. 정직하면 오랫동안 함께 갈 수 있다.

5) 정직한 사람들의 5가지 습관

① 진실을 말하기를 두려워하지 않는다.

정직은 항상, 주위 상황에 관계없이 진실을 추구하지만 이 정직함을 지킬 용기가 없다면 아무 의미가 없다. 정직한 마음을 가진 사람은 누구나 불의나 협박이나 반쪽 진실이나 거짓을 지지하지 않는다. 이러한 정직함을 다른 사람에게도 기대한다. 개인의 진실성을 지키는 것은 쉽지 않다. 우리는 지속적으로 우리 자신을 위선으로부터 지켜야 한다.

② 자신의 한계와 잘못에 대해서 잘 알고 있다.

스스로 정직함을 지키지 못하면서 다른 사람에게 그것을 요구하는 것은 옳지 않다. 일상생활에서 많은 사람들이 스스로 덕을 가지고 있다고 자부한다. 하지만 많은 경우가 그저 말뿐이다. 말하는 것을 실천하지 않기 때문이다. 하지만 이것은 정직한 사람들에게는 해당되지 않는다. 정직한 사람들은 자신의 한계와 실수와 어두운 면을 알기 위한 내부로의 여행을 마쳤다. 이들은 스스로 무엇을 개선해야 하는지 그리고 서서히 극복해야 할 자신들의 약점이 무엇인지 알고 있다. 이러한 자기 인식은 생각과 행동이 조화를 이루는 데 도움을 준다. 거짓도, 위선도 없다. 그저 겸손하고 존중하는 마음의 균형이 있을 뿐이다.

③ 투명하다.

투명한 것은 다른 사람들이 민감한 비밀을 보게하거나 약해지는 것이 아니다. 정직은 투명함과 동의어인데, 행하고 말하고 보여주는 모든 것이 정직한 사람들의 성격과 조화를 이루기 때문이다. 편견이나 부조화가 없다. 게다가 정직함은 어느 누구와 관계를 맺을 때나 동일한 태도, 대처, 방식을 유지하는 것이다. 투명해지는 것이 항상 간단한 것은 아니다. 일반적으로 사람들은 변덕이 심하고 항상 변한다. 정직한 사람들은 이런 문제가 없다. 만약 정직한 사람들이 어떤 것을 좋아하지 않거나 자신의 신념에 반대된다면, 그 점을 명확하게 할 것이다.

④ 자신이 믿는 바를 위해 싸운다.

때때로 가장 정직하고 겸손하고 고귀한 사람들은 가장 외로움을 느끼고 주위 사람들로부터 배척을 받는 사람들이다. 이런 일은 아주 간단한 이유 때문에 발생한다. 때때로 정직은 전투적이며 다른 사람들이 공평하거나 존중한다고 느끼지 않을 때에도 말하는 것을 두려워하지 않기 때문이다. 안타깝게도, 거의 누구도 잔인한 정직성을 좋아하지 않는다. 즉, 정직함이 사람들을 불편하게 만든다는 의미이다. 사람들은 더 위선적이거나 고분고분한 사람을 선호할 것이다.

⑤ 정직한 사람은 솔선수범 한다.

정직한 사람들은 일관된 방법으로 가치와 행동의 완벽한 균형을 이루면서 사는 사람들이다. 그렇기 때문에, 이들은 종종 그것을 고마워하는 사람들에게 영감을 준다. 어쩌면 이들의 거리낌 없음에 약간의 적대감을 느낄 수도 있다. 하지만 선과 진실성에 가치를 부여하는 현명한 사람들은 이들에게 크게 고마워할 것이다. 정직한 사람들은 우리의 삶을 더 풍요롭고 더 아름답게 만들어주는 훌륭한 친구, 가족 구성원, 직장 동료가 될 수 있다. 만약 끊임없는 정직성을 보이는 사람들을 알고 있다면, 언제나 이들을 가깝게 대하고, 그들에게 배우고, 많은 시간과 순간을 함께 하라. 이들은 사회로부터의 선물이며 우리가 더 나아갈 수 있도록 영감을 주는 사람들이다.

출처: https://steptohealth.co.kr/5-habits-of-the-honest-people/

Level up Mission I

☎ 주변에서 정직하다고 생각하는 가까운 사람을 떠올려 보자. 그 사람이 하는 행동 특성을 나열해 본 후, 이를 팀원들과 공유해 보자.

2. 성실

1) 성실의 의미

성실(誠實)은 정성스럽고 참됨을 말한다. 성(誠)은 정성스럽고 순수하고 참됨을 의미하며, 실(實)은 알차고 진실된 것을 의미한다. 따라서 성실은 그 단어의 본질을 살펴보았을 때, 그 의미가 근면함보다는 충(忠) 혹은 신(信)의 의미와 더 가깝다.

또한 심리학자들은 성실성(conscientiousness)을 '책임감이 강하고 목표한 바를 이루기 위해 목표 지향적 행동을 촉진하며 행동의 지속성을 갖게 하는 성취 지향적인 성질'로 설명하기도 한다. 이러한 개인의 성향은 사회규범이나 법을 존중하고 충동을 통제하며 목표 지향적 행동을 조직하고 유지하며 목표를 추구하도록 동기를 부여하는 특징을 갖는다.

어린 시절부터 어른들에게서 들은 "최고보다는 최선을 꿈꾸어라."라는 말은 성실의 중요성을 강조한 것이다. 그것은 삶의 경험에서 나오는 자연스러운 진리이다. 성실은 기본이기도 하지만 세상을 살아가는 데 있어 가장 큰 무기이기도 하다. 아무리 뛰어나더라도 성실이 뒷받침되지 못하면 그 관계는 오래갈 수 없고 신뢰는 깨어진다. 천재는 1퍼센트의 영감과 99퍼센트의 노력으로 만들어진다고 하지 않는가? 성실이 뒷받침된다면 1퍼센트 모자란 부분은 그리 중요하지 않다는 것이다.

2) 우리사회의 성실성

창조, 변혁, 개혁, 혁신 등의 가치가 강조되는 현대사회에서 성실의 덕목은 자칫 시대정신에 뒤지는 개인의 낡은 생활방식으로, 다분히 도덕적 영역으로 그 범위가 위축되는 경향을 보인다. 현대사회에서 성실한 사람은 도덕적 차원에서는 바람직한 면이 있을 수 있지만, 사회적으로는 뭔가 진취성이 부족하거나 창조성이 결여된 사람으로, 심지어는 변화하는 시대에 요령 없이 기존의 방식을 반복적으로 되풀이하는 사람으로 치부되기도 한다.

하지만 최근 들어 일각에서는 현대사회의 주요한 사회적 자본으로 성실의 중요성을 부

각시키고 있다. 사회적 자본이란 사회 구성원들이 힘을 합쳐 공동 목표를 효율적으로 추구할 수 있게 하는 자본을 가리키는데, 신뢰를 포괄하는 성실은 보이지 않는 가장 확실한 사회적 자본이라 할 수 있다. 이는 기업에서 가장 중요하게 여기는 인재상의 키워드 1위가 '성실성'이고, 함께 일하고 싶은 동료 1위 역시 '성실하고 책임감 강한 사람'으로 나타나는 것을 보면 쉽게 알 수 있다.

성실은 개인으로 하여금 자신의 생각이 진리와 부합하려고 부단히 노력하고, 자신의 생각을 그대로 말로 표현하며, 이를 일상생활에서 행동으로 실천하도록 이끈다. 성실의 덕이 중요한 까닭은 이와 같은 일련의 과정에서 항상성과 정성스러움을 동시에 갖추기 때문이다. 즉, 성실은 일 하나하나에, 사람 하나하나에 자신의 정성을 다하도록 만든다. 이러한 항상성의 특징은 성실이 다른 덕목들의 모태가 되게 하며, 어떠한 일을 할 때 꾸준히 자신의 정성을 다하도록 만든다.

반면 성실의 결핍은 생각과 말, 행동의 불일치를 통해 드러나고, 그것은 구체적으로 일상의 삶에서 위선과 거짓, 사기, 아첨, 음모 등의 행위로 나타난다. 결과적으로 이는 우리 사회에서 위법 행위로 이어지고 나아가 사회 전반에 악영향을 끼치게 된다.

그러나 성실이 항상 긍정적인 측면만 지니는 것은 아니다. 성실은 시대 개념적 차원에서 볼 때 현대사회와 어울리지 않는 한계성 또한 지니고 있다. 우리는 이러한 한계성을 명확히 인식하고 현대사회의 성격에 부합하도록 성실의 전환을 시도하는 데 소홀해서는 안 된다.

 Level up Mission 2

📞 일상생활과 직업생활 속에서 성실이 주는 유익을 정리한 후, 이를 팀원들과 공유해 보자.

학습평가 Quiz

1. 다음 중 정직의 유사한 개념과 거리가 먼 것은?

① 원칙주의   ② 진실성

③ 준법성   ④ 지속성

2. 정직이 주는 유익이 아닌 것은?

① 마음의 안정   ② 성숙한 대인관계

③ 신뢰의 제공   ④ 단기적 성공의 길

3. 정직한 사람들의 행동 습관으로 거리가 먼 것은?

① 진실을 말하기를 두려워하지 않는다   ② 솔선수범한다

③ 자신의 한계를 무시한다   ④ 자신이 믿는 바를 위해 싸운다

4. 정직한 사람들의 행동 습관을 모두 적으시오.

5. 다음 중 괄호 안에 들어갈 말은 무엇인가?

> ( )은/는 정성스럽고 참됨을 말한다. ( )은/는 그 단어의 본질을 살펴보았을 때, 그 의미가 근면함보다는 충(忠) 혹은 신(信)의 의미와 더 가깝다.

① 정직   ② 성실

③ 충직   ④ 근면

학습내용 요약 Review

1. 정직(正直)은 마음에 거짓이나 꾸밈이 없이 바르고 곧음을 말한다. '정직(正直)'이란 말을 최초로 언급한 서경(書經)과 시경(詩經)에서는 '이치에 어긋남이 없고, 왜곡됨이 없으며, 임금의 도리는 곧을 것이다'라고 하여 임금이 갖추어야 할 첫째 덕목으로 지적하고 있다.

2. 정직이 주는 유익은 마음의 안정, 성숙한 대인관계, 신뢰, 장기적 성공이 있다.

3. 정직한 사람들의 5가지 습관은 진실을 말하기를 두려워하지 않는 것, 자신의 한계와 잘못에 대해서 잘 알고 있는 것, 투명한 것, 자신이 믿는 바를 위해 싸우는 것, 마지막으로 솔선수범이 있다.

4. 성실(誠實)은 정성스럽고 참됨을 말한다. 성(誠)은 정성스럽고 순수하고 참됨을 의미하며, 실(實)은 알차고 진실된 것을 의미한다.

 스스로 적어보는 오늘 교육의 메모

잡 크래프팅

차례

학습목표

- 잡 크래프팅의 개념에 대해 말할 수 있다.
- 잡 크래프팅의 구성요인에 대해 말할 수 있다.
- 잡 크래프팅을 적용할 수 있다.

핵심단어

일, 잡 크래프팅, 잡 크래프팅 구성요인, 잡 크래프팅 적용

7
Chapter

"돈보다 스스로 깨우칠 직장 선택… 후회 없어"

김태윤(30) 두산인프라코어 주임연구원(대리)은 2011년 기아차와 현대모비스에 동시 합격했지만 두 회사 모두 포기하고 '두산행'을 택했다. 이유는 단 한 가지. 돈은 자동차 회사가 더 많이 주겠지만 하고 싶은 일 하면서 스스로 깨우쳐 가는 데는 두산이 더 나을 수 있겠다는 판단 때문이었다. 그리고 아직까지는 당시 결정을 후회하지 않는다고 했다. 그는 인천공장 연구·개발(R&D)센터에서 굴삭기 시제품의 성능을 시험하는 일을 맡고 있다. 김 연구원은 "누군가 우리 장비를 구입한 뒤 '정말 잘 산 것 같다'고 피드백을 줄 때 가장 보람차다"면서 "편법을 쓰면 쉽게 일할 수 있지만 고객들이 눈에 밟혀 테스트를 대충 할 수가 없다"고 말했다. 지난해 1월 두산인프라코어가 중국 지린성 창춘에서 혹한기 테스트를 처음 시도했을 때 그는 주저 없이 손을 들었다. 중국 현지 날씨는 상상 이상이었다. 영화 22도의 날씨 탓에 두 겹이나 껴입은 내복과 양말 속으로 냉기가 거침없이 파고들었다. 하지만 강추위에도 엔진이 '부르릉 부릉' 소리를 내며 작동되는 순간 그는 '희열'을 느꼈다고 했다. 한국으로 돌아온 그는 추운 날씨에 중장비가 사람 손을 거치지 않고 엔진, 펌프가 자동으로 예열되는 '자동 난기 시스템'을 개발하는 데 주력했다. 물론 회사에서 시킨 게 아니다. 그리고 올 초 그는 이 아이템을 가지고 특허 신청을 했다. 지난 5년간 김 연구원이 신청한 특허(공동 특허 포함)는 총 10건에 달한다.

윤준(32) 현대중공업 그룹 선박영업본부 대리는 해외에서 자란 유학파다. 영국 옥스퍼드대에서 개발경제학(석사)을 전공했고, 유엔개발계획(UNDP) 국제기구 초급전문가(JPO) 과정에도 합격했다. 하지만 그는 부친의 권유로 2013년 현대중공업에 입사했다. 그의 아버지는 대우조선해양(당시 대우중공업)에서 선박영업을 했다. 윤 대리는 "아버지가 정말 즐기면서 일하셨다"면서 "종종 업무 얘기도 들려주셔서 자연스럽게 이 일에 관심을 갖게 됐다"고 말했다. 사원 때부터 두각을 나타낸 그는 능력을 인정받아 1년 일찍 대리로 승진했다. 그가 하는 일은 컨테이너선 수주 업무다. 윤 대리는 "컨테이너선 5~10척을 한꺼번에 수주할 때 느끼는 쾌감은 말로 할 수 없다"고 말했다. 그러면서 지난해 7월 세계 1위 선사인 머스크라인과 수주 계약을 체결하기 위해 덴마크 코펜하겐의 머스크 본사를 찾았을 때를 회고했다. "1등은 역시 다르더라고요. 계약서에 오타 하나 없는 것은 물론 회의가 길어져도 전혀 개의치 않더라고요. 그때도 새벽 2~3시까지 마라톤협상을 한 끝에 결국 서명식을 했죠." 그는 "연초에 수주 목표가 정해지면 영업은 시황 핑계 대지 않고 무조건 달린다"면서 "매일 하는 일에 의미를 부여하면 하루하루가 매번 새롭다"고 말했다.

이동원(32) 아시아나항공 화물본부 대리는 '로드 마스터'(항공물류 전문가)의 꿈을 안고 5년 전 입사했다. 로드 마스터는 한정된 항공기 공간 안에 최대한 많은 화물을 안전하게 탑재하는 일을 한다. 단순히 짐칸을 정리하는 수준이 아니다. 화물별 사이즈, 무게, 위험물 여부 등 화물

의 특성을 파악한 뒤 탑재를 해야 혹여 발생할 수 있는 위험을 방지할 수 있다. 예를 들어 항공기 뒷부분에 무게가 실리면 이륙할 때 항공기 꼬리가 땅에 닿을 수도 있다. 이런 이유로 로드 마스터가 되려면 전문 교육을 받아야 한다.그는 2012년 미국 항공기 제작사인 보잉에 가서 직접 교육을 받았다. 이후 벨기에 브뤼셀지점에 1년간 파견을 나가 현장 경험도 했다. 2014년부터는 다시 본사로 돌아와 안전심사역을 맡고 있다. 얼마 전 샌프란시스코발 아시아나항공 여객기에 '후버보드'(전동 스케이트보드의 하나)가 실수로 실리면서 문제가 됐을 때 그는 "순간 철렁했다"고 말했다. 배터리가 장착된 후버보드는 사내 규정상 탑재 금지 품목이기 때문이다. 이 대리는 "국제 규정보다 더 까다로운 안전 기준을 요구한다"면서 "회사가 어려울 때 안전사고가 나면 치명적이기 때문에 조그만 부분에도 신경을 쓰고 있다"고 말했다.

출처: 서울신문. 내 일에서 재미 찾고 의미 발견...내일 향한 '잡 크래프팅' 2016.4.9

사전질문

1.잡 크래프팅의 개념은 무엇인가?

2. 잡 크래프팅과 유사한 용어는 무엇인가?

3. 잡 크래프팅의 구성요인은 무엇인가?

4. 잡 크래프팅의 유익은 무엇인가?

5. 잡 크래프팅을 적용하는 방법은 무엇인가?

1. 잡 크래프팅의 개념

1) 잡 크래프팅이란

크래프트(Craft)

수공예 혹은 특정 활동에 필요한 모든 기술이나 기교를 의미한다. 동사로는 '공예품을 만들다, 혹은 공들여 만들다'라는 의미를 가진다. 잡 크래프팅은 우리의 업무를 다듬고 공들여 만드는 행동으로 볼 수 있다. 2000년대 이후 개념화된 용어이다. 우리나라에는 2013년부터 잡 크래프팅이라는 개념이 본격적으로 소개되었다.

잡 크래프팅(Job Crafting)

자신에게 주어진 업무 가운데 스스로 조절할 수 있는 부분을 자발적으로 바꿔 봄으로써 업무에 대한 만족감을 높이는 일이다.

보다 세부적으로 개념을 해석하면 잡 크래프팅은 주도성을 갖고 일과 관련된 상황이나 인식의 경계, 관계를 변화시켜 일을 재구성하고 새롭게 창조하는 것이며, 직무를 수행하는 개인이 주어진 업무를 새롭게 해석하고, 이러한 과정을 통해 자신이 하는 일의 의미를 추구하는 과정이다. 이는 동일한 직무를 하더라도 일을 수행하는 방식이나 일의 의미를 해석하는 차이에 따라 성과가 달라질 수 있음을 의미한다.

잡 크래프팅을 처음 소개한 학자는 에이미 브제니브스키(Wrzesniewski)와 제인 더턴(Dutton)으로, 그들은 관리자의 일방적 결정과 지시로 일하는 top-down 형식의 한계를 제시하면서, 개인이 스스로 본인의 직무를 변화시키고 일을 의미 있게 만드는 과정을 제시했다.

경영학에서 보는 전통적인 관점의 직무설계(job design)는 관리자가 직원의 동기부여와 생산성 향상을 위해 개인의 업무와 역할을 결정한다. 그러나 잡 크래프팅은 구성원 개개인이 주도적으로 자신의 직무를 창조하고, 재설계하는 행위로써 bottom-up 형태로의 전환이라 할 수 있다.

[표 7-1] 잡 크래프팅의 다양한 해석

연구자	정의
기툴레스큐 (Ghitulescu)	자신이 스스로 과업을 개념화하고 직무수행을 쉽게 하기 위해 관계를 형성하고, 일의 의미를 부여하여 가치를 찾아가는 행동
라이온 (Lyons)	자신이 일을 스스로 조절하거나, 관계의 정도를 깊게 가져가서 자신에게 부정적 영향을 미칠 수 있는 부분을 줄여나가는 행동
그랜트와 애쉬포드 (Grant& Ashford)	조직구성원이 하는 업무에서의 물리적, 인지적, 사회적 특성에 대한 변화를 능동적으로 반영한 후 대응하는 방식
팀스와 베커 (Tims & Bakker)	개인이 자신이 가지고 있는 능력과 요구의 범위 안에서 주어진 직무요구와 직무자원 간의 균형을 이뤄가는 행동
박한규	업무 수행자가 현재 주어진 직무에 있는 과업과 관계, 인지 영역을 스스로 창조하여 직무의 의미를 재발견하는 행동
임소현	조직구성원이 갖는 직무요구와 직무자원 간의 균형을 이뤄가고 자신의 선호, 동기 등을 맞추면서 의미 있고 즐겁게 직무를 수행하기 위하여 주도적으로 변화시켜 나가는 행동

2) 잡 크래프팅과 유사한 용어

잡 크래프팅은 일반적으로 영어식 표현을 그대로 사용한다. 그러나 같은 맥락에서 아래와 같이 유사한 용어도 사용하고 있다.

① 자기주도 직무수행

주어진 일만 하는 것이 아니라 개인이 의지를 갖고 주도적으로 직무를 수행하는 활동

② 직무 재창조

기존의 업무뿐 아니라 업무와 연결된 새로운 업무를 만들어서 능동적으로 수행하는 활동

③ 직무 가공

기존 업무를 주어진 대로 혹은 있는 그대로 수행하는 것이 아니라 다듬고 변형을 주어 일의 의미를 부여하고 새롭게 하는 활동

④ 자기주도 직무설계

개인이 의지를 갖고 주도적으로 업무를 수행하기 전에 해야 할 과업을 직접 설계하고 건의하여 진행하는 적극인 활동

⑤ 장인적 직무수행

어쩔 수 없이 하는 업무가 아닌 해당 분야의 전문가라는 자부심을 갖고 전문가에 맞게 최선을 다해 직무를 수행하는 행동

 Level up Mission 1

 아래 사례를 읽고 느낀 점을 정리한 후, 이를 팀원들과 공유해 보자.

중세에 한 신부가 성당을 건설하는 공사 현장을 지나가고 있었다. 공사 현장에는 마침 뙤약볕에 구슬땀을 흘리며 일하는 석공이 세 명 있었다. 잠시 쉬어가고 싶은 신부는 그들에게 말을 건넸다.

"지금 무엇을 하고 있습니까?"

신부의 물음에 첫 번째 사람은 살짝 고개를 들더니 이내 다시 숙이면서 대답했다.

"보면 모르시오. 먹고살려고 돌을 깨고 있소."

두 번째 사람은 잠시 멈추었던 망치질을 계속하면서 말했다.

"비록 힘은 들지만 제대로된 석공이 되고자 망치질을 익히고 있소."

세 번째 사람은 먼지가 날리는 공사 현장의 하늘을 한 번 쳐다보더니 이내 희망이 가득한 눈빛으로 신부를 보며 말했다.

"나는 세상에서 가장 아름다운 사원을 짓고 있습니다."

3) 잡 크래프팅의 유익

잡 크래프팅이라는 용어는 2000년대 이후 개념화된 용어지만 이미 어디에나 존재해 온 것을 알 수 있다. 특히 잡 크래프팅은 개인과 조직 모두에 많은 유익을 준다는 사실이 많은 연구를 통해 밝혀지고 있다. 잡 크래프팅이 주는 일하는 개인과 나아가 조직에 주는 유익은 다음과 같다.

① 일의 의미 부여

잡 크래프팅은 일의 의미를 부여한다. 잡 크래프팅은 일을 하는 개인들로 하여금 일의 의미를 자신에 맞게 바꾸는 것을 허용한다. 이에 따라 일은 더 의미 있어지고 일 속에 있는 다양한 가치를 발견하는 데 도움을 준다.

② 개인 생산성의 적극적 활용

잡 크래프팅은 개인의 생산성을 적극적으로 활용할 수 있도록 돕는다. 잡 크래프팅은 개인의 생산성이라는 소중한 자원에 의지한다. 개인이 자신의 일에서 만드는 변화는 일에서 요구되는 것과 그것을 충족하기 위해 가지고 있는 자원 사이의 간극을 더 효과적으로 메워준다.

③ 높은 성과

잡 크래프팅을 하면 개인과 조직은 높은 성과를 창출한다. 잡 크래프팅을 하는 개인은

개인적으로든 팀 수준에서 다른 사람들과 협력해서든 그렇지 않은 사람들보다 더 높은 성과를 보인다.

④ 일에 대한 몰입

잡 크래프팅은 일을 하는 개개인이 자신의 일에 몰입하는 것을 돕는다. 이것은 일의 의미를 깨닫고 개인이 가지고 있는 생산성 자원을 발견하여 적극적으로 활용하기 때문에 가능하다. 그러므로 잡 크래프팅을 하는 사람들은 일에 더 집중하며 소홀하지 않는다.

⑤ 개인의 행복과 웰빙

잡 크래프팅은 개인의 행복과 웰빙에 기여한다. 즐겁게 일할 수 있는 방향을 제시한다. 잡 크래프팅을 하는 사람들은 동료나 매니저들의 눈에 더 행복한 직원으로 보인다. 그들은 더 긍정적인 감정, 정신 건강, 웰빙을 경험한다.

잡 크래프팅에서 이러한 유익이 가능한 이유는 개인이 일에 대한 통제권이 생기고, 긍정적인 자기 이미지를 키울 수 있고, 일터에서 다른 사람들과 밀접한 관계를 맺을 수 있기 때문이다. 잡 크래프팅을 통해 개인은 일에 관련한 기본적인 욕구가 채워지며 개인은 웰빙을 이루게 된다. 잡 크래프팅을 하는 사람들이 보여 준 더 큰 행복은 개인들의 업무 성과를 높이기 때문이다. 개인은 자기가 하는 일의 주인이 되어 원하는 바에 따라 일을 바꿈으로써 웰빙을 키우게 된다. 이는 개인과 조직 모두에 좋은 영향을 준다.

2. 잡 크래프팅의 구성요인 및 진단

잡 크래프팅의 구성요인은 대표적으로 과업 크래프팅(task crafting), 관계 크래프팅(relational crafting), 인지 크래프팅(cognitive crafting)이다.

1) 과업 크래프팅

과업 크래프팅은 개인 업무의 개수부터 업무의 방법까지 업무와 관련된 물리적 환경을 바꾸는 것을 의미한다. 이는 직무기술서상에 작성된 업무를 넘어 업무 범위를 확장하거나 줄이는 등 다른 업무를 함으로써 업무를 창조하는 일이라 할 수 있다. 예를 들면, 놀이공원의 청소부가 청소뿐 아니라 길게 줄을 서서 기다리는 고객을 위해 빗자루와 물로 바닥에 그림을 그리거나 쓰레기통을 두드려 연주하는 등의 경우가 해당한다.

2) 관계 크래프팅

관계 크래프팅은 인간관계에 대한 이해를 기반으로 한다. 관계 크래프팅은 직장에서 만나는 사람들과 직장 내외에서 상호작용을 하는 데 있어 질 또는 양을 변화시키는 것으로 관계를 개선해 가는 것을 의미한다. 예를 들면 직장에서 유사한 흥미와 기술을 가진 사람끼리 친해지려 하는 것을 들 수 있다

3) 인지 크래프팅

인지 크래프팅은 맡은 직무의 목적과 의미에 대해 자신의 관점을 변화시켜서 업무를 더욱 의미 있게 변화시키는 것이다. 스스로 일의 목적을 재정의하고 주어진 일 이상의 의미를 찾아보는 것이 여기에 해당한다. 미국항공우주국(NASA)에서 일하는 청소부가 자신이 하는 일을 우주비행사의 안전을 책임지는 일이라고 했다는 일화는 인지적 크래프팅의 대표적 예라 할 수 있다.

4) 잡 크래프팅 진단

현재 나의 모습은 잡 크래프팅을 실천하고 있는 잡 크래프터에 가까울까? 아래 진단을 통해 확인해 볼 수 있다.

 [표 7-2] 잡 크래프팅 진단표

순번	항목	점수
1	나는 일을 더 잘하기 위해 새로운 방식을 시도한다.	
2	필요에 따라 맡은 업무의 범위나 종류를 바꿔 가며 일한다.	
3	내 능력이나 흥미를 더 잘 활용할 수 있는 새로운 업무를 시도한다.	
4	일을 할 때 추가적인 업무를 기꺼이 맡는다.	
5	내 능력이나 흥미가 잘 반영될 수 있는 업무를 우선시한다.	
6	내 일이 내 삶의 목적과 어떻게 연결될 수 있는지 생각한다.	
7	내가 맡은 업무가 조직의 성공을 위해 중요하다는 것을 되새긴다.	
8	내 일이 우리 사회에 기여하는 바를 생각한다.	
9	내 일이 내 삶에 어떤 긍정적인 영향을 미칠 수 있는지 생각한다.	
10	내 일이 내 삶의 행복에 어떤 역할을 하는지 생각한다.	
11	직장에서 사람들과 잘 지내려고 노력한다.	
12	업무와 관련된 친목활동과 모임 등을 주도하거나 적극 참석한다.	
13	직장에서 특별한 이벤트(예:동료 생일파티)를 주도한다.	
14	공식적 또는 비공식적으로 기꺼이 후배나 신입직원의 멘토가 된다.	
15	회사에서 나와 유사한 기술, 흥미를 가진 살마들과 가깝게 지낸다.	
총점		

• 각 문항당 5점 만점이며, 총 60점 이상이면 잡 크래프터

3. 잡 크래프팅의 적용

잡 크래프팅은 자신이 하는 일에 스스로 의미를 부여하고 변화를 주는 행동이라고 말할 수 있다. 그렇다면 어떻게 잘 크래프팅을 할 수 있을까? 잡 크래프팅을 일으키는 네 가지 전략이 있다. 각 전략은 단독으로 혹은 결합해서 활용할 수 있는데 이러한 행동은 시간이 지남에 따라 일터에 변화를 가져올 것이다.

1) 일을 최적화하기

하고 있는 일을 분석하라. 특히 일할 때 시간을 어떻게 쓰는지, 일과 일 사이 관계는 어떤지 분석하라. 시간과 에너지에 대한 배분을 바꾸면 업무 장악력, 긍정적 정체성, 다른 사람과의 관계 등을 더 개선할 수 있는지 따져보라. 업무에서 가장 표현하고 싶은 가치, 업무에 동원하고 싶은 강점, 업무에 불어넣고 싶은 열정에 대해 생각해라. 개인은 업무에서 자신의 가치, 강점, 열정을 표현하기 위해 일할 때 더 창의적인 능력을 발휘할 수 있다.

2) 일의 관계를 다시 그려라.

다른 사람의 존재는 일의 의미를 부여하고 일상적 경험을 형성하는 데 도움을 준다. 대부분의 일은 조직하고 일의 구조를 만들고 마무리를 짓는 등 반복되는 일련의 과정과 독특한 상호작용을 포함한다. 잡 크래프팅을 이끌 수 있는 강력한 방법은 업무 중에 이루어지는 상호작용과 관계의 수준에 대해 깊이 생각해보는 것이다. 생명을 주는 상호작용 관계인지 확인하고, 당신이 일에서 찾고 싶은 의미에 투자하며, 일을 힘들게 하는 사람들과의 관계를 해결하라. 일을 실행하기 위해 필요한 상호의존적인 관계의 틀 밖에서 일어나는 상호작용과 관계에 대해서도 똑같이 하라. 업무에서 정체성과 의미를 찾을 수 있게끔 도와주는 상호작용을 향해 움직이는 동시에, 다른 사람을 개선시키거나 피함으로써 잡 크래프팅을 가능하게 하는 관계적 환경을 만들 수 있다.

업무 특성상 상호작용이 거의 없는 경우에도 개인이 하는 일을 통해 다른 사람들과 연결되는 방법을 찾을 수 있다. 업무와 무관하게 일어나는 상호작용이라도 상관없다. 일련의 상호작용과 관계가 구축되면, 일을 구성하는 여러 업무를 바꿀 수 있는 자원이 창출된다. 나를 힘들게 하는 상호의존적 관계에서 그것이 최적의 상태일 수 없는 이유를 알기 위해 투자하는 것은 관계 전환에 필수적인 일이다. 만일 그 같은 시간이나 힘의 투자가 비생산적이라면, 접촉을 제한하거나 접촉방식을 바꿈으로써 부정적인 관계의 영향을 완화하고 다른 사람들과 더 좋은 관계를 맺기 위한 힘을 비축할 수 있다. 선제적으로 사려 깊게 관계를 맺음으로써 중요한 기술을 배우고 필요한 자원을 받을 수 있다. 이를 통해 새로운 업무를 시작하거나 기존 일에 대해 다른 접근이 가능해 질 수 있다.

3) 순서를 짜라

덜 극단적인 잡 크래프팅 방법은 하루를 구성하는 업무와 상호작용의 순서를 다시 짜는 것이다. 업무에서 몰입, 힘, 즐거움 등의 원천이 되는 것을 생각해보라. 그리고 업무에서 이루어지는 상호작용과 관계에 대해서도 똑같이 해보라. 이 일과 상오작용이 언제 발생하는지, 이를 통제하기 위해 당신에게 어떤 재량이 있는지 생각해보라. 이로써 하루 일의 순서는 추진력, 의미, 즐거움을 더 느끼는 방식으로 조정된다. 혹은 반대의 전략도 효과적일 수 있다. 의미 있는 일을 먼저 시작함으로써 덜 하고 싶은 일을 할 수 있는 힘이 비축된다.

4) 미래지향적인 잡 크래프팅을 하라.

앞의 세 가지 전략은 개인과 일 사이의 연결점을 찾는 데 초점을 맞춘다. 이 연결점은 업무에서의 일, 관계, 인지적 한계 등을 더 이상적인 의미와 실현과 정체성의 표현으로 이어준다. 그러나 현재의 업무나 조직에는 존재하지 않는 미래지향적인 잡 크래프팅을 하는 것도 가능하다. 설계된 대로 업무에 맞게 재단한 잡 크래프팅보다 더 야심차고 위험할 수 있지만 강력한 변화를 낳을 수 있다. 미래지향적인인 잡 크래프팅을 하는 사람들은 지금 업무에는 존재하지 않는 일의 의미나 정체성을 경험하는 데 초점을 맞추고 시간이 지남에 따라 그 방향으로 일을 바꾸는 방법을 찾는다.

출처: 포지티브 혁명. 제인 더컨, 그레첸 스프레이처 외. 윤원섭 역.

 Level up Mission 2

☎ 언론이나 주변 지인 중에서 잡 크래프팅을 실천하는 사람을 찾아보자. 그 사람이 하는 행동 특성을 정리해 본 후, 이를 팀원들과 공유해 보자.

1. 과업, 관계, 인지 크래프팅 각각의 실천사례와 사례를 통해 느낀 점은 무엇인가?
2. 잡 크래프팅 실천의 장애요인은 무엇이라 생각하는가?

학습평가 Quiz

1. 다음 중 괄호 안에 들어갈 말은 무엇인가?

( )(이)란 자신에게 주어진 업무 가운데 스스로 조절할 수 있는 부분을 자발적으로
바꿔 봄으로써 업무에 대한 만족감을 높이는 일이다.

① 직무가공   ② OJT
③ 잡 크래프팅   ④ 오리엔테이션

2. 다음 중 잡 크래프팅과 유사한 개념으로 거리가 먼 것은?

① 직무순환   ② 자기주도 직무설계
③ 직무가공   ④ 장인적 직무수행

3. 다음 중 잡 크래프팅의 구성요인이 아닌 것은?

① 인지 크래프팅   ② 관계 크래프팅
③ 과업 크래프팅   ④ 관점 크래프팅

4. 아래 내용은 잡 크래프팅의 어떤 구성요인에 대한 설명인가?

맡은 직무의 목적과 의미에 대해 자신의 관점을 변화시켜서 업무를 더욱 의미있게 변화
시키는 것이다.

맡은 직무의 목적과 의미에 대해 자신의 관점을 변화시켜서 업무를 더욱 의미있
게 변화시키는 것이다.

① 인지 크래프팅   ② 관계 크래프팅
③ 과업 크래프팅   ④ 관점 크래프팅

5. 잡 크래프팅을 적용하기 위한 전략을 모두 적으시오.

학습내용 요약 Review

1. 잡 크래프팅(Job Crafting)이란 자신에게 주어진 업무 가운데 스스로 조절할 수 있는 부분을 자발적으로 바꿔 봄으로써 업무에 대한 만족감을 높이는 일이다.

2. 잡 크래프팅과 유사한 용어로는 자기주도 직무수행, 직무가공, 자기주도 직무설계, 장인적 직무수행 등이 있다.

3. 잡 크래프팅은 유익은 일의 의미부여, 개인 생산성의 적극적 활용, 높은 성과, 일에 대한 몰입, 개인의 행복과 웰빙이 있다.

4. 잡 크래프팅의 구성요인으로는 과업 크래프팅, 관계 크래프팅, 인지 크래프팅이 있다.

5. 잡 크래프팅을 적용하기 위한 전략으로는 일을 최적화하기, 일의 관계를 다시 그리기, 일의 순서를 짜기, 마지막으로 미래지향적인 잡 크래프팅을 하는 것을 꼽을 수 있다.

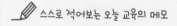 스스로 적어보는 오늘 교육의 메모

공동체윤리

일반목표

원만한 직업생활을 위해 직업인이 갖추어야 할 직업윤리 중에서 봉사, 책임의식, 준법성, 신뢰, 조직문화 만들기, 직장 예절 매너 및 에티켓 등의 공동체윤리를 숙지하고 이를 향상시킬 수 있다.

세부목표

· 봉사와 책임의식, 준법성을 키울 수 있다.
· 신뢰의 중요성을 알고 이를 배양할 수 있다.
· 서로의 성장을 돕는 건강한 조직문화를 만드는데 기여 할 수 있다.
· 직장예절에 기초가 되는 매너와 에티켓을 알고 생활속에서 적용할 수 있다.

핵심단어

봉사, 책임의식, 준법성, 신뢰, 조직문화, 매너, 에티켓, 직장 내 괴롭힘, 성예절

봉사, 책임의식, 준법성

학습목표

· 봉사에 대해 말할 수 있다.
· 고객서비스에 대해 설명할 수 있다.
· 책임의식의 중요성을 인식할 수 있다.
· 준법의 중요성을 인식할 수 있다.

핵심단어

직업윤리, 봉사, 고객서비스, 책임의식, 기업의 사회적 책임, 준법성

8
Chapter

편견을 갖고 결정을 하게 되는 원인 가운데 하나는 "내게는 책임이 없으니까"라는 무책임이다. 그런 결정은 대개 잘못될 경우가 많다. 진지하게 생각해서 정확히 결정하려고 하지 않아 날림 공사가 되기 때문이다. 올바른 경정을 하고 싶으면 먼저 책임을 져야 한다. 조직에서의 결정뿐만 아니라 개인적인 결정에서도 마찬가지다.

캘리포니아대학의 심리학자 필립 테트록 박사 팀은"책임을 지는 것이야말로 올바른 결정을 하기 위한 방법이다."라는 것을 나타내는 실험을 했다. 이 실험에서 테트록 박사 팀은 60명의 대학생에게 어떤 인물의 이력서를 읽게 한 후 두 그룹으로 나누어 그 사람의 대학 채용여부를 물어보았다. 한 그룹에서는 "당신들의 결정으로 그의 채용이 결정된다. 나아가 그의 인생을 좌우할지도 모른다. 또 당신들이 어떤 결정을 했는지 이름을 적고 서명을 하게 된다."고 하며 책임감을 갖도록 지시했다. 다른 한 그룹에는 책임을 부여하지 않았다. 그들에게는 "당신들의 의견은 참고로 할 뿐이니 부담 갖지 말고 결정해라."라는 지시를 내렸다. 그 결과 책임이 있는 그룹의 사람들이 열심히 이력서를 읽고 그것을 통해 올바른 결정을 한다는 것을 알 수 있었다.

우리는 자신에게 책임이 없으면 적당히 결정을 한다. 책임도 없는데 힘들게 생각해서 결정하려는 사람은 없다. 결정할 때는 가능한 책임을 지도록 하자. 금연을 결심했다면 "만약 금연에 실패하면 모두에게 술을 사지."라고 친구에게 약속해 두는 것도 좋을 것이다. 그렇게 하면 자기 책임감이 높아져서 필사적으로 결정을 지키려고 할지도 모른다.

출처: 저 사람 왠지 좋다. 나이토 요시히토 저, 홍성민역.

1. 공동체 윤리란 무엇인가?

2. 고객서비스의 필요성은 무엇인가?

3. 기업의 사회적 책임 사례에는 무엇이 있는가?

4. 캐롤의 사회적 책임 피라미드의 구성요인은 무엇인가?

5. 준법이란 무엇인가?

 1. 봉사

사전에서 봉사는 '국가나 사회 또는 남을 위하여 자신을 돌보지 아니하고 힘을 바쳐 애쓺'이라고 풀이하고 있다. 봉사는 원래 상대방을 위해 도움이나 물건을 제공해 주는 일을 통틀어 부르는 말이었다. 그런데 시대가 점점 지나면서 뜻이 자원봉사에 가깝게 사용되고 있다.

현대사회의 직업인에게 봉사란 일 경험을 통해 다른 사람과 공동체에 대하여 돕는 정신을 갖추고 실천하는 태도를 의미하며, 나아가 고객의 가치를 최우선으로 하는 고객서비스 개념으로도 설명할 수 있다.

1) 고객서비스의 개념

오늘날 고객서비스는 조직의 보편적 마케팅 수단이 되고 있다. 즉, 사회의 많은 부문에서 고객서비스가 중요시되고 있으며 서비스 업체를 중심으로 기업들은 양질의 서비스를 제공하는데 역점을 두고 있다.

사실 고객은 해당 조직이 만족시키고자 하는 모든 사람을 의미하는데 여기서 고객들이 누구인가, 어디에 있는가 보다는 그들이 조직에 매우 중요한 존재라는 사실을 인식하는 일이 중요하다. 나아가 고객서비스에 대해 단순히 구매자에게 좋은 서비스를 제공하는 것만으로 생각해서는 그 의미를 매우 제한하는 것이다. 물론 기업이 회사의 이해관계자의 욕구를 충족시키기 위해서는 무엇보다 구매자들에게 보다 좋은 서비스를 제공해야 한다.

고객서비스는 어느 마케팅 수단 못지않게 기업 및 제품 이미지, 고객 충성도, 매출 등에 많은 영향을 미치는 것이라 할 수 있다. 따라서 현대사회에서 기업과 같은 조직들이 계속적으로 유지, 발전하기 위해서는 경영자, 관리자는 물론 조직 내 전 구성원들이 고객서비스의 중요성을 깊이 인식하고, 고객에 대한 서비스를 효율적, 적극적으로 제공하는 데 최대한 노력을 기울여야 한다.

Level up Mission 1

☎ 아래 사례를 읽고 느낀 점을 정리한 후, 이를 팀원들과 공유해 보자.

전 세계 코로나 확진자가 100만 명을 돌파하면서, 200개가 넘는 국가의 의료진들이 코로나와 사투를 벌이고 있다. 이마와 콧잔등에 일회용 밴드를 덕지덕지 붙인 한국 간호사들의 웃음 짓는 사진은 보는 이들에게 진한 감동을 줬다. 중국 우한에는 신종 코로나 바이러스의 위험성을 처음 외부로 알린 '리원량'이란 의사가 있었다. 그는 중국 당국으로부터 소환돼 입을 다물라는 협박을 받고 풀려난 뒤 본인도 코로나 환자 치료 중 코로나에 감염돼 사망했다. 대구 지역 의사협회 회장이 '의병(義兵)'을 모집하는 심정으로 손이 모자라니 와서 도와달라고 동료 의사들에게 호소하니, 하루만에 300명이 모였단다. 그 중에는 "나 같은 늙다리 의사는 필요 없냐?"는 은퇴한 노 의사도 있었다고 한다. 폭증하는 코로나 확진자를 처리하느라 보건소 업무가 마비된 경북 경산시의 한 내과 의원 원장은 보건소가 의뢰한 코로나 무증상 환자들을 흔쾌히 받아 치료하다가 본인이 그만 코로나에 감염돼 숨을 거뒀고, 우리나라 코로나 첫 번째 의사 희생자가 됐다. 스페인에서는 의료진들이 노인요양원 환자들을 방치하고 도주하는 바람에 노인들 시체가 무더기로 발견됐다고 한다. 그런 스페인에서도 3월 말 기준으로 의료진 5,400명이 감염됐고, 이태리에서는 전체 의료진의 15%에 해당하는 7,000여 명의 의사와 간호사가 감염되어 격리됐다고 한다. 이런 살벌한 현실을 마주하고 보니, 의사란 목숨을 걸고 일을 수행하는 위험천만한 직업이란 생각을 이번에 처음 하게 됐다. 그들의 목숨 건 사투를 날마다 몇 달째 생생하게 보고 있자니, 의사와 간호사들이 새삼 달리 보였다.

출처: 정태철 칼럼 중에서. CIVIC뉴스. 2020.4.6

1. 위 칼럼 속 의사들이 보여 준 행동의 공통된 특징은 무엇이라 생각하는가?

2. 봉사가 직업생활과 사회에 미치는 영향은 무엇이라 생각하는가?

2) 고객서비스의 필요성

① 조직 및 기업 가치 창출의 출발점

고객서비스는 고객만족을 통해 조직 및 기업의 가치 창출과 나아가 성과향상에 기여하는 출발점이 된다.

② 기업의 내부 경쟁력 강화와 차별화 수단

고객서비스는 내부 조직의 경쟁력 강화와 다른 조직과의 차별화 수단이 된다. 제품은 모방할 수 있지만 차별화된 서비스 시스템과 마인드는 모방하기 어렵다.

③ 내부 고객인 조직구성원에게 직무만족과 직무몰입의 중요한 동기 제공

내부 고객인 조직구성원에게 있어 고객서비스는 직무만족과 직무몰입을 유도하는 촉진제가 된다. 자신이 하는 일이 주변을 변화시키고 사회에 공헌한다는 의식은 자신의 일에 대한 자부심과 만족감을 올려준다.

④ 핵심가치의 창출과 건전한 조직문화 형성

고객서비스는 조직의 핵심가치와 연결된다. 조직구성원의 고객서비스 마인드는 건전한 조직문화 형성에 긍정적 영향을 미친다.

3) 고객서비스 법칙

고객서비스를 말할 때 흔히 쓰이는 MOT(Moment of Truth)는 고객 접점을 뜻하는 용어다. 고객 접점이란 고객이 처음 기업과 접촉해서 서비스가 마무리 될 때까지의 전 과정의 의미한다. 고객서비스는 곧 고객의 MOT를 관리하는 활동이라고도 할 수 있다. 관련하여 다음과 같은 고객서비스 법칙이 존재한다.

① MOT의 통나무 물통 법칙

통나무 조각으로 이루어진 물통이 있다고 가정했을 때 통나무 물통 조각 중 어느 부분에 구멍이 생기면 그 높이만큼만 물을 채울 수 있다. 이러한 통나무 물통을 기업이라 생각한다면 통나무 조각 하나가 접점이 된다. 하나의 접점에서 실패가 발생한다면 그 기업과 조직은 그 정도의 역량 밖에 갖추지 못하는 기업으로 전략하게 된다. 기업의 서비스 수준은 통나무 조각 하나에 의해 좌우되는 것을 알 수 있다.

② 곱셉의 법칙

전체 만족도는 각각의 만족도의 합이 아니라 곱에 의해 결정된다는 법칙이다. 모든 접점이 합을 이루어 고객 만족도를 이루는 것이 아니라, 접점 간 곱에 의해 만족도가 형성된다. 역시 하나의 접점에서 0점짜리 서비스가 이뤄진다면 그 기업의 서비스는 곱셉의 법칙에 의해 0점 서비스가 될 수 있다.

③ 100−1=0의 법칙

100가지 접점 중 한 접점만 불만족이 되면 그 서비스 전체가 불만족이 된다는 법칙이다. 수학적으로 100-1=99이지만 고객서비스의 관점에서 보면 100-1=0이 될 수 있다.

④ 10−10−10의 법칙

고객을 유치하는 데 10달러의 비용이 들고, 고객을 잃어버리는 데는 10분, 고객을 다시 되찾는데 10년이 걸린다는 법칙이다. 처음 고객서비스를 통해 만족을 주는 것은 유지하는 것 만큼이나 어렵다. 그러나 더 어려운 것은 돌아선 고객의 마음을 다시 돌리는 것이다.

2. 책임의식

1) 책임의 의미

책임이란 자신의 행위의 결과를 짊어지는 것으로 책임의 대상은 개인이 일정한 행위이며, 의도했든 의도하지 않았든 행위의 결과에 대해 모두 책임이 있는 것이다. 따라서 책

임이 있다는 의미는 이미 행해진 어떤 행위에 대한 것으로 다음과 같은 경우에 해당한다. "마땅히 해명해야 할 의무가 있는" 경우, 이보다 더 강한 의미에서 "비난과 처벌을 받을 사람은 바로 당사자이다."라는 의미로 사용되는 경우, 행위 당사자의 직책 또는 역할과 관련하여 "마땅히 그것을 행해야 할 의무가 있다."는 의미로 사용되는 경우, "행위 당사자의 성품에 도덕적으로 바람직한 것이 있다."는 의미로 책임이라는 용어가 사용되는 경우이다. 따라서 '책임'이 맡아서 해야 할 의무나 임무를 의미하는 것이라면 '책임감'은 맡아서 해야 할 의무나 임무를 소중히 여기고 최선을 다해 실행하려는 마음이다. 따라서 책임감은 외부 환경과 관련된 일은 물론 개인 내적으로도 중요한 기본적인 역량이다.

또한 책임의식은 직업에 대한 사회적 역할과 책무를 충실히 수행하고 책임지려는 자세이며, 맡은 업무를 어떠한 일이 있어도 수행해 내는 태도이다.

직업을 가진 모든 개인은 그 사회의 기능을 일부 나누어 맡아 수행함으로써 사회에 참여한다. 사회 변화가 가속화됨에 따라 모든 직업은 점점 분화되고 전문화됨으로써 이전처럼 자급자족할 수는 없게 되었고, 그렇기 때문에 직업인들은 자신이 속한 조직과 전체 사회 속에서 주어진 직분을 충실히 수행해야 한다.

2) 기업의 사회적 책임

최근 기업도 단순히 이윤 추구를 하는 집단의 형태를 벗어나 자신들이 벌어들인 이익의 일부분을 사회로 환원하는 개념인 '기업의 사회적 책임(Corporate Social Responsibility; CSR)'을 강조하는 형태로 변화하고 있다.

우리나라 기업들은 광범위한 사회문제 영역에서 비판적 여론과 사회적 저항에 직면하고 있다. 이는 많은 기업인들이 그동안 이윤 추구를 명분으로 정상적인 경영활동의 범위를 벗어나 부도덕한 행위를 되풀이했기 때문이다. 이러한 기업의 행위들은 사회에 많은 영향을 끼쳐 사회 전체의 윤리적 문제로 이어질 수 있다.

3) 캐롤의 기업의 사회적 책임

미국 조지아 대학의 캐롤(A. Caroll) 교수가 제창한 개념은 기업의 사회적 책임을 설명하는 틀로 자주 언급되고 있다. 이 사회적 책임(CSR) 피라미드는 아래에서부터 경제적, 법적, 윤리적, 박애적 책임의 순서로 되어 있다. 아래에 위치한 것이 우선적으로 고려된다는 의미를 가진다. 기업은 가장 먼저 생존, 즉 수익을 내고, 법적인 책임을 다하고, 윤리적 책임을 다하고, 박애적 책임을 다하는 식으로 발전한다는 의미로 해석할 수 있다. 그렇다고 아랫 단계가 윗 단계보다 더 중요하다거나 윗 단계를 고려하지 않고 아랫 단계를 추구해도 무방하다는 말은 아니다. 즉, 경제적 책임이 법적 책임의 아래 단계에 있기 때문에 법적 책임을 무시해도 된다는 말은 아닌 것이다.

① 경제적 책임

투자자들에게 수익을 내주는 것, 일자리를 창출하는 것, 그리고 경제 내에 제품과 서비스를 통해 기여하는 것 등이 이에 해당한다. 경제적 책임은 한마디리로 돈을 벌어야 한다는 책임이기는 하지만, 공정하게 돈을 벌어야 한다는 책임도 포함된다. 이익 없이는 기업의 존재조차 불가능하다는 면에서 가장 기본적인 책임이라 할 수 있다.

② 법적 책임

법과 규정을 지켜야 한다는 책임을 말한다. 어느 정도 경제적으로 안정이 되면 법적 책임에 더욱 더 철저하게 눈을 떠야 한다는 의미이다. 이익이 충분히 나지 않으면 법을 어겨도 된다는 말은 결코 아니다.

③ 윤리적 책임

법적으로 지키는 건 기본적인 것이고, 신뢰를 쌓고 고객과의 장기적 마케팅 관계를 구축하려면 윤리적 책임을 다해야 한다는 것을 의미한다. 올바르고 정당한 일을 행하라는 것을 의미한다.

④ 박애적 책임

박애적 책임은 반드시 요구되는 것은 아니지만 인간의 복리를 증대시키고 선의를 촉진한다는 면에서 바람직하다. 좋은 기업이 되려는 노력이 여기에 해당한다. 최근에는 박애적 책임이 기업의 매출에 직접적, 간접적 영향을 주는 사례가 늘어나면서 기업의 관심을 더욱 받고 있다.

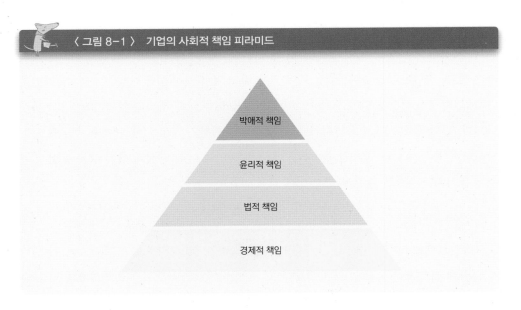

〈 그림 8-1 〉 기업의 사회적 책임 피라미드

박애적 책임

윤리적 책임

법적 책임

경제적 책임

Level up Mission 2

☎ 언론을 통해 접한 기업의 사회적 책임 사례를 찾아보자. 이를 정리해 본 후, 이를 팀원들과 공유해 보자.

3. 준법성

1) 준법의 의미

준법이라 하는 것은 민주 시민으로서 지켜야 하는 기본 의무이며 생활 자세다. 민주 사회의 법과 규칙을 준수하는 것은 시민으로서의 권리를 보장받고, 다른 사람의 권리를 보호해주며 사회 질서를 유지하는 역할을 한다. 미국의 정치학자 라스웰은 민주 시민으로서 가장 중요한 자세는 서로 토론하고 논쟁하여 얻어진 합의를 지키고 따르는 '준법정신'이라고 강조하였다.

 [표 8-1] 준법의식 진단표

문항	전혀 그렇지 않다	별로 그렇지 않다	보통 이다	그렇다	매우 그렇다
1. 다른 사람에게 피해가 되지 않는다면 법을 지키지 않아도 된다.	1	2	3	4	5
2. 지키지 않는 사람이 더 많다면 법을 지키지 않아도 된다.	1	2	3	4	5
3. 법이 잘못 만들어졌다면 법을 지키지 않아도 된다.	1	2	3	4	5
4. 법이 도덕이나 윤리에 어긋나면 법을 지키지 않아도 된다.	1	2	3	4	5
5. 법이 양심에 어긋나면 법을 지키지 않아도 된다.	1	2	3	4	5
6. 나에게 이익이 되면 법을 지키지 않아도 된다.	1	2	3	4	5
7. 다른 사람이 알 수 없다면 법을 지키지 않아도 된다.	1	2	3	4	5

• 14점 이하면 훌륭한 준법의식 소유자.

2) 우리나라의 준법의식

지난 30년 동안 우리 국민의 준법의식 수준은 대폭 높아졌지만 법 집행은 국민의 눈높이를 따라가지 못하고 있다는 연구결과가 나와 주목된다. 준법에 대한 국민 인식은 10%대에서 70%대로 크게 상승한 반면 법 집행의 공평성·공정성에 대한 긍정적인 평가는 60%대에서 10%대로 추락했다. 이유봉 한국법제연구원 연구위원은 24일 서울 중구 더플라자 호텔에서 법제연구원(원장 김계홍) '개원 30주년'을 기념해 열린 연구성과 보고회에서 "한국사회의 양극화와 법 집행의 불공평성 문제에 대한 공감이 최근 증가하고 있어 대응과 개선이 필요하다"며 이 같은 연구결과를 발표했다.

이 연구위원은 이날 '한국인의 법의식: 법의식조사의 변화와 발전' 연구보고서를 발표했다. 1991년을 시작으로 지난해까지 법제연구원이 5차례에 걸쳐 실시한 '국민법의식' 조사 결과 중 4번 이상 설문조사에 포함된 공통주제를 분석한 결과물이다.

보고서에 따르면, 1991년 17.7%에 머물렀던 국민들의 '준법'에 대한 인식은 1994년 21.2%, 2008년 37.1%, 2015년 49.5%, 지난해 73.9%로 지속적으로 높아졌다. '악법도 준수해야 하느냐'라는 질문에도 '준수한다'는 응답이 91년 39.2%에서 94년 40.4%, 2008년 57.3%, 2015년 68.9%, 지난해 66.2% 등을 기록했다.

'법이 잘 지켜지지 않는다'고 한 응답자를 대상으로 그 원인을 묻는 질문에는 1990년대의 경우 '법의 절차가 복잡하고 자주 바뀌니까'라는 응답이 가장 높았지만(91년 33.6%, 94년 32.9%), 2000년대 이후에는 '법대로 살면 손해를 보니까'라는 응답이 우세했다(2008년 34.3%, 2015년 42.5%). 지난해 조사에서는 '사회지도층의 법 준수 미흡(47.6%)'이 가장 주된 원인으로 지목됐는데, 당시 법조계에서는 국정농단 사건과 사법행정권 남용 의혹 사건, 조국 사태 등이 영향을 미친 것이라는 분석이 나왔다.

〈중략〉

보고서는 "우리 사회의 민주주의 발전이 법의 정당성을 높이는 자양분이 됐고, 이를 통해 합법성에 대한 존중도 증가하는 선순환 구조를 가져왔다"며 "법의 필요성 인식이나 준법의지는 눈에 띄게 향상됐다."고 평가했다. 다만 "악법이나 부당한 법에 대한 준법의식이 과거에 비해서는 증가하는 추세지만, 2015년에 비해 지난해 소폭 감소한 점 등을 볼 때 법 준수는 법의 정당성의 뒷받침을 받아야 유지될 수 있음을 유의해 받아들일 필요가 있다.”며 “부당한 권력을 용인치 않는 우리 국민들의 의지를 볼 때, 정당성이 결여된 통치의 도구로서의 법이 그 이름만으로 합법성을 주장하는 것은 앞으로 점점 어려운 일이 될 것”이라고 분석했다.

이와 함께 보고서는 “법의식조사 결과 최근 ‘법이 힘있는 사람들에게 유리하게 작용된다.’는 인식이 더욱 증가하고 있는데, 이는 우리 사회의 양극화가 심화되고 있는 현상의 반영일 수도, 국민들의 평등의식이 강화된 결과일 수도 있다.”며 “어떤 이유에서든 지속적인 정책적·제도적 대응과 개선이 필요하다.”고 강조했다. 그러면서 “국민들은 사회구성원의 준법 수준에 비해 국가나 사회는 물론 경영 지도자층의 준법 수준을 낮게 평가하고 있다.”며 “특히 정치지도자들의 경우 이들의 의식과 행동이 법치국가 작용인 입법·사법·행정작용에 큰 영향을 미치는 만큼, 정치인 등 국가지도자의 준법정치와 사업자의 준법경영을 보다 제도적으로 확고히 추진할 필요가 있다.”고 주문했다.

출처: 법률신문 뉴스. 2020.7.27.

 Level up Mission 3

🐢 다음 페이지의 사례를 읽고 느낀 점을 정리한 후, 이를 팀원들과 공유해 보자.

1. 법은 꼭 지켜야 하는가?
2. 우리 사회에서 법은 잘 지켜지고 있는가?
3. 위 사례에 대한 당신의 의견은 무엇인가?

요즘 직장인들 사이에선 '월루'나 '소확횡' 등과 같은 신조어가 유행하고 있다고 하는데요. 월루는 월급루팡이라는 뜻으로 맡은 일을 제대로 하지 않은 채 딴짓을 하는 직원들을 말합니다. 과거엔 업무능력이 떨어져 월급을 축내는 사원을 지칭했지만 요즘은 일보다는 다른데 정신이 팔려 시간만 축내는 행동을 일컫습니다. 스스로 회사에서 월루하고 있다며 자랑스레 말하는 이들도 생겨났습니다.

소확횡은 '소소하지만 확실한 횡령'의 준말입니다. 회사 비품을 몰래 빼돌려 온라인 중고거래 등으로 판매하는 것을 말하는데요. 월루와 마찬가지로 이런 행동에 대한 별다른 거리낌이 없습니다. 그렇지만 만일 회사가 이를 문제 삼는다면 경우에 따라 사내 징계는 물론 법적 조치까지 가능한 위험한 행동입니다. 선을 넘는 직장인들의 월루·소확횡, 법의 눈으로 보면 어떻게 될까요?

믹스커피·사무용품 훔치는 직장인들

소확횡의 대상이 되는 건 탕비실에 구비된 음료나 제공받은 비품들입니다. 생계적인 문제보단 단순히 회사에 대한 불만이나 스트레스를 해소하기 위한 행동입니다. 그러나 이는 명백한 범죄행위입니다. 다른 사람의 재물을 훔쳤을 경우에는 형법상 절도죄가 성립합니다. 가져간 물건을 처분하지 않고 그대로 방치만 했을 뿐이라도 범죄인 건 마찬가지입니다. 법원은 원래 있던 곳이 아닌 다른 장소에 방치하거나 장시간 갖고 있었을 경우에는 절도로 보고 있습니다. 수개월이 넘게 회사물품을 소유하고 있던 자가 "다시 돌려놓으려고 했다"고 항변하더라도 받아들여질 수 없습니다. 훔친 자가 비품을 관리하는 직원이었다면 문제는 더 커집니다. 다른 사람의 재물을 보관하는 자가 업무를 어기고 그 재물을 횡령하거나 반환을 거부했다면 업무상 횡령죄가 성립합니다. 이런 경우, 10년 이하의 징역 또는 3,000만원 이하의 벌금에 처할 수 있습니다.

〈중략〉

근무시간에 문제집 풀기…'월루' 손해 회사가 입증해야

한 온라인 커뮤니티에는 입사한 지 1년이 채 되지 않은 신입사원 후배가 근무시간에 문제집을 푼다며 하소연하는 글이 올라왔습니다. 업무와 관련 있는 책도 아니어서 몇번 주의를 줬지만 신입사원은 "이미 맡은 일을 다 했는데 무슨 상관이냐"고 답했습니다. 이 신입사원이 맡은 일을 그럭저럭 잘 해내고 있어 더 이상 추궁하지도 못했다고 하는데요. 고용계약을 맺을 때 바탕이 되는 조건은 '정해진 시간에 근로를 제공하는 것'입니다. 직원들은 대가로 임금을 지급받습니다. 근무시간에 문제집을 푸는 등 업무와 관련 없는 일을 한 경우, 이를 이유로 해고할 수 있을까요?

법원은 사용자가 근로자에 징계해고를 할 때 근로계약이나 취업규칙에서 정한 해고사유여야 한다고 보고 있습니다. 쉽게 말해 '회사의 허락 없이 타 업무를 수행할 경우 징계나 해고조치를 할 수 있다'는 규정이 회사에서 정하는 취업규칙에 포함돼 있다면 이를 근거로 해고조치가 가능합니다.

출처: 네이버 법률 블로그. "믹스커피 훔치고 문제집 풀고" 직장인의 월루·소확횡, 해고사유될까?

학습평가 Quiz

1. 다음 중 괄호 안에 들어갈 말은 무엇인가?

> (   )은/는 '국가나 사회 또는 남을 위하여 자신을 돌보지 아니하고 힘을 바쳐 애씀'이라고 풀이하고 있다. (   )은/는 원래 상대방을 위해 도움이나 물건을 제공해 주는 일을 통틀어 부르는 말이었다. 그런데 시대가 점점 지나면서 뜻이 자원봉사에 가깝게 사용되고 있다.

① 책임의식   ② 준법성
③ 배려   ④ 봉사

2. 다음 중 고객서비스가 필요한 이유가 아닌 것은?
① 조직 및 기업 가치의 창출의 출발점   ② 기업 내부 경력 강화
③ 조직 구성원의 직무만족 동기 제공   ④ 권위적 조직문화 형성에 기여

3. 다음 중 고객서비스 접점의 법칙(MOT)이 아닌 것은?
① 곱셈의 법칙   ② 100-1=0 법칙
③ 나눗셈의 법칙   ④ 10-10-10 법칙

4. 캐롤의 사회적 책임 종류를 모두 적으시오.

5. 남녀 모두 민주 시민으로서 지켜야 하는 기본 의무이며 생활 자세를 무엇이라 하는가?
① 정의   ② 준법
③ 봉사   ④ 병역

학습내용 요약 Review

1. 봉사는 '국가나 사회 또는 남을 위하여 자신을 돌보지 아니하고 힘을 바쳐 애씀'이라고 풀이하고 있다. 봉사는 원래 상대방을 위해 도움이나 물건을 제공해 주는 일을 통틀어 부르는 말이었다. 그런데 시대가 점점 지나면서 뜻이 자원봉사에 가깝게 사용되고 있다.

2. 고객서비스가 필요한 이유는 조직 및 기업 가치 창출의 출발점이며 기업의 내부 경쟁력 강화와 차별화 수단, 내부 고객인 조직구성원에게 직무만족과 직무몰입의 동기 제공, 핵심가치 창출과 건전한 조직문화 형성에 기여하기 때문이다.

3. 고객서비스 접점의 법칙(MOT)으로는 MOT의 통나무 물통 법칙, 곱셈의 법칙, 100−1=0의 법칙, 10−10−10의 법칙이 있다. 이러한 법칙은 고객서비스의 중요성을 강조한다.

4. 책임이란 자신의 행위의 결과를 짊어지는 것으로 책임의 대상은 개인이 일정한 행위이며, 의도했든 의도하지 않았든 행위의 결과에 대해 모두 책임이 있는 것이다.

5. 캐롤의 기업의 사회적 책임의 종류로는 경제적 책임, 법적책임. 윤리적 책임, 박애적 책임이 있다.

6. 준법은 민주 시민으로서 지켜야 하는 기본 의무이며 생활 자세다.

 스스로 적어보는 오늘 교육의 메모

신뢰

차례

학습목표

· 대인관계의 다양한 욕구에 대해 말할 수 있다.
· 신뢰의 개념을 말할 수 있다.
· 신뢰받는 행동을 실천할 수 있다.

핵심단어

직업윤리, 대인관계, 대인관계 욕구, 신뢰, 신뢰의 구성요소

9
Chapter

신뢰를 뜻하는 영어 단어 trust의 어원은 '편안함'을 의미하는 독일어의 trost에서 연유된 것이라고 한다. 우리는 누군가를 믿을 때 마음이 편안 해진다. 혹시 그 사람이 배신을 저지르진 않을까 하고 염려할 필요가 없기 때문에 마음이 편안해질 뿐만 아니라 배신을 위한 예방에 들여야 할 시간과 노력을 절약하게 해주는 효과를 얻을 수도 있기 때문에 그럴 것이다. 지난달 회사에 필요한 물품의 첫 거래를 위해 한 기업체를 사전 방문한 적이 있다. 대표와 임직원들이 직접 나와서 회사소개 및 현장투어를 성심성의껏 해주었다. 회의 중에 한가지 인상 깊었던 점은 회의실 액자에 '안전은 기본, 품질은 목숨, 납기는 생명'이라는 문구를 보고 앞으로 이 업체와의 비즈니스 관계에 있어 신뢰감과 함께 좋은 인상을 받을 수 있었다.

사실 사람이 살아가면서 가장 필요한 것은 신뢰이다. 사람은 자신을 믿어주는 사람을 어지간해서는 배신하지 않는다. 능력이 부족해서 믿음에 호응하지는 못할지언정 일부러 그 믿음을 걷어차지는 않는다. 결국 우리는 상대방을 믿어야 하고 상대방에게 내 믿음을 보여줘야 한다. 그렇게 상대방이 나를 믿게 만들어야 한다. 내가 상대방을 믿고 상대방이 나를 믿을 때, 일이 제자리를 잡을 수 있다. 설령 일이 처음에는 시행 오차가 있더라도 서로가 신뢰한다면 올바른 방향으로 나갈 수 있다고 믿는다. 가정 속에서도 부모와 자식 간에도 신뢰는 아주 중요한 요소라고 생각한다. 사랑하는 마음을 진솔하게 전해 주는 것이 꼭 필요하다. 부모가 따뜻한 사랑을 충분히 주고 부모와 자식 간의 신뢰 관계가 확고하다면 자녀교육의 절반은 성공한 것이다. 신뢰하고 자녀의 눈높이에서 세상을 바라보시길 바란다. 자녀를 있는 그대로 인정하고 무슨 일이든 열심히 한다면 칭찬해주자. 그 신뢰의 바탕이 자녀의 꿈과 마음을 키워주는 가장 훌륭한 방법이다. 그것은 자녀가 사회에 진출해 또 다른 좋은 신뢰 관계를 형성하는데 중요한 밑거름으로 작용할 것이다. 타인에 대한 믿음이 점점 사라져가는 오늘날의 세상에서 신뢰 관계는 자신의 경쟁력과도 같다. 신뢰는 리더에게 요구되는 가장 기본적인 역량이다. 왜냐하면 이것이 다른 모든 역량에 영향을 미치기 때문이다. 조직에서 리더가 수행해야 할 일들, 즉 혁신과 협업, 파트너 결속, 조직 구성, 인력 수급 및 유지, 직원 참여, 변화의 주도 같은 모든 업무는 신뢰가 바탕이 될 경우에 더욱 효과적으로 해낼 수 있다. 신뢰는 리더의 역량을 증폭시키는 역할을 하며, 조직의 내부뿐만 아니라 사회 전체에까지 긍정적인 영향을 미치는 파급효과를 창출한다. 지속력이 강한 조직은 이런 역량이 탁월한 리더와 직원들, 즉 남에게 신뢰를 받도록 행동하는 일의 가치를 이해하고 이것을 실천하는 사람들에 의해 만들어진다. 신뢰는 결국 상호작용의 결과이며 신뢰를 얻거나 주는 데 실패했다는 말은 누군가의 일방적인 잘못만이 있는 것이 아니다. 서로를 믿지 못하고 의심하는 것은 신뢰 관계를 만들지 못했다는 의미이다.신뢰라는 것은 정말 대단한 힘이다. 누군가에게 신뢰를 받고 있다고 느끼는 그 자체만으로도 선한 의지를 더욱 내뿜게 해줄 것이다. 우리 인생은 자신이 신뢰하는 사람을 골라야 하고 상대방도 자신을 신뢰하는지 확인하는 과정의 연속이라고 할 수 있다. 신뢰하고 있다면 기다릴 줄 알아야 하며 기회를 줄 수 있는 마음가짐도 있어야 한다. 요즘처럼 각박한 사회에서 상호 간에 미흡하고 부족한 점이 있더라

도 상대의 판단과 선택을 존중하고 인정해 주는 것도 신뢰를 다져가는 중요한 요소라고 생각된다. 그러므로 인간관계에 있어서 상대방에 대한 존중에서 비롯된 신뢰는 더욱 견고하고 오래갈 수 있다. 서둘러 사람을 판단하지 말고 신뢰 관계가 형성될 수 있도록 연습하는 좋은 습관을 배양하는 것도 필요할 것이다. 그러한 신뢰만이 상대방의 마음을 움직이고 서로를 단단히 지탱하는 고리가 될 것이다. 신뢰는 믿음과 존중과 인정의 거름 속에서 맺어진 잘 익은 열매인 것이다. 신뢰받는 나, 신뢰받는 건강한 사회, 신뢰받는 강한 국가가 되기를 기대해본다.

출처: 울산매일. 2019.11.06

사전질문

1. 대인관계의 개념은 무엇인가?

2. 대인관계 욕구의 종류에는 무엇이 있는가?

3. 신뢰란 무엇인가?

4. 신뢰를 구성하는 핵심요소는 무엇인가?

5. 신뢰가 높은 사람의 행동 특성에는 무엇이 있는가?

 1. 직장에서의 대인관계

1) 대인관계

인간과 인간 사이의 관계. 이는 아동의 사회성의 발달만이 아니라 지적(知的) 능력과 정서적 특징의 발달에 지대한 영향을 미치는 것으로 밝혀졌다. 특히 가족관계는 인간관계 중에서 가장 중요한 것으로 간주되며 아동과 부모의 관계는 지능·창의력·학력·가치관·인격·성격 등의 발달과 밀접한 관계가 있다. 인간의 성장과정에 따라서 점차로 동료관계·이성관계, 직장에서의 인간관계 등이 중요한 의미와 역할을 지니게 된다. 최근에 와서는 가정·학교·직장·지역사회 등에서의 인간관계의 개선과 향상을 위한 교육과 훈련 프로그램의 개발과 실시가 활발해지고 있다. 이 교육은 단순한 인간관계 장애를 극복하기 위한 것이라기보다는 적극적으로 긍정적 인간관계의 지식과 지능을 육성하려는 데 그 목적을 두는 경향이 있다.

출처: 교육학 용어 사전

학교와 직장, 학생과 직장인의 차이점은 무엇일까? 여러 가지가 있겠지만 대인관계를 선택할 수 있느냐 없느냐가 대표적인 차이라 할 수 있다. 보통 학교생활을 하는 동안에는 나와 마음이 통하거나 친한 사람을 중심으로 인간관계를 맺는다. 마음이 맞지 않는 사람과는 부득이한 경우를 제외하고는 교우관계에서 거리를 둘 수 있다. 그러나 직장 생활에서는 이처럼 대인관계를 선택하는 것이 학교때 보다 어려워진다. 직장 생활을 하면서 만나는 동료와 상사와의 관계가 내 마음과 의지대로 선택할 수 없기 때문이다. 내가 하는 업무, 부서, 팀에 따라 동료, 상사 그리고 고객이 정해진다. 마음이 맞고 생각이 잘 통하면 다행이지만 그렇지 않더라도 함께 일하면서 결과를 만들어야 하는 것이 직장이다. 이렇다보니 함께 일하면서 대인관계에 대한 기술 뿐 아니라 상호 간에 지켜야 할 공동체 윤리도 중요할 수 밖에 없다.

2) 대인관계의 욕구

사람은 저마다 자신만의 취향과 선호를 가진다. 소속에 대한 욕구, 통제에 대한 욕구, 정서에 대한 욕구는 개인마다 다를 수 밖에 없다. 성공적인 대인관계를 위해서는 타인의 대인관계 욕구에 대한 통찰력과 욕구를 충족시키기 위한 전략 개발이 중요하다. 이는 타인의 대인관계욕구 및 행동을 이해하여 만족스러운 대인관계 형성과 유지 뿐 아니라 효과적인 업무 수행의 극대화와 목표 달성에 도움을 줄 수 있다.

① 소속욕구

새로운 인간관계를 맺고 사람들과 상호작용하며 그룹에 소속하고자 하는 욕구를 의미한다. 관련된 단어로는 소속, 참가, 관계, 관여, 관심, 주목이 있다.

② 통제욕구

사람들 사이의 영향력, 책임, 의사결정, 권력과 지배력에 관련된 욕구이다. 관련 단어로 리더십, 권력, 책임, 영향, 권한, 의사결정이 있다.

③ 정서욕구

일대일의 정서적인 유대와 개인적인 따뜻한 관계를 맺고자 하는 욕구를 말한다. 관련된 단어는 개인적 유대, 지지, 개방, 배려, 따뜻함, 공감이 있다.

위의 소속, 통제, 정서 욕구는 표출행동과 기대행동으로 나타난다.

표출행동은 자신의 욕구와 관련된 행동을 타인에게 직접 표출하는 행동을 말한다. 이는 행동을 주도하는 것이 얼마나 편하고, 3가지 욕구와 관련된 행동을 직접 하는 것이 편한 것과 관련되어 있다. 이는 관계 주도적인 성향을 뜻한다.

기대행동은 자신의 욕구와 관련된 행동을 해주기를 바라는 행동으로써 타인이 먼저 행동하기를 얼마나 원하는지? 3가지 욕구와 관련된 행동을 타인이 해주는 것이 얼마나 편한지에 관련되어 있다. 기대행동은 관계수동적인 성향을 뜻한다.

즉, 표출행동이 기대행동보다 크다는 것은 본인이 먼저 타인관계행동을 주도하는 것을

선호한다는 의미이다. 그러한 성향은 타인이 자신이 원하지 않는 말이나 행동을 하는 것이 불편하기 때문에 애초에 사람들과의 관계에서 거리를 두는 편이다.

표출행동과 기대행동이 같을 때는 타인이 어떠한 방식을 본인의 행동에 반응할 것인지를 먼저 확실하게 파악한 이후에야 자신의 행동을 표현한다.

마지막으로 표출행동이 기대행동보다 작을 때는 본인보다 타인이 먼저 주도해주기를 바라는 편이어서, 본인이 행동하기 전에 타인이 행동하기를 기다리는 편이다.

 Level up Mission 1

☎ 위 대인관계의 욕구를 읽고 느낀 점을 정리한 후, 이를 팀원들과 공유해 보자.

　　1. 자신의 소속, 통제, 정서 욕구의 정도는 어느 정도라 생각하는가?
　　2. 자신의 표출행동과 기대행동의 관계는 어떻다고 생각하는가?.

 2. 신뢰

신뢰는 윤리적 당위성의 문제, 조직의 유기성을 넘어서 기업 경영에 있어 성과와 직결되고 있다. 특히, 신뢰로 인해 많은 기회비용이 발생하며, 신뢰가 바탕이 되지 않을 때 불

필요한 비용을 발생시키며, 성과의 효과를 축소시킨다. 신뢰의 속도만큼 빠른 것은 없다. 신뢰만큼 개인뿐 아니라 조직에 높은 수익을 갖다 주는 것도 없다. 신뢰의 광범위한 영향만큼 파급력이 큰 것은 없다.

1) 신뢰의 개념

신뢰의 사전적 의미는 굳게 믿고 의지함이다. 그러나 신뢰는 접근 방식에 따라, 연구자에 따라 다양하게 해석되고 있다. 신뢰를 말할 때 상대방의 말과 행동을 믿을 수 있고, 교환관계 속에서 의무를 다 할 것이라는 믿음으로 상대방이 협력과 책임을 다 할 것이라는 기대 혹은 어떤 개인이나 집단이 확신을 가지고 있는 거래 교환 당사자에게 기꺼이 의존하고자 하는 것 또는 상대방의 미래적 행동이 당사자에게 호의적이거나 악의적이지 않을 것이라는 믿음과 기대로 해석하기도 한다. 또한 신뢰의 대상이 되는 사람과 사람 혹은 사람과 사물 간 관계적 상황에 대한 확신적, 긍정적 태도를 의미나 거래관계에 있는 상대방의 행동에 대한 호의적인 기대 안에서 과거 상호작용의 기반 하에 소비자가 갖고 있는 믿음의 수준을 의미하기도 한다. 다양한 해석 속에서도 공통적인 것은 상대방에 믿음이 포함되는 것을 알 수 있다.

2) 신뢰성의 4가지 핵심요소

신뢰성을 구성하는 4가지 핵심요소는 성실성, 의도, 능력, 성과이다. 성실성과 의도는 다시 성품으로 묶을 수 있고, 능력과 성과는 역량의 범주로 묶을 수 있다. 개인이 신뢰성을 갖기 위해서는 4가지 핵심요소 즉, 성품과 역량을 균형 있게 갖추는 것이 중요하다.

① 성실성

정직성 이상의 의미를 가진다. 가치관과 말과 행동이 일치하는 것이다. 나무에 비유하면 뿌리에 해당된다. 성실성은 개인의 성품에 큰 축을 차지한다.

② 의도

의도는 동기, 의제, 결과로 나타나는 행동과 관계가 있다. 진정한 관심에서 나오는 동

기는 어떤 것보다 신뢰를 높이는데 도움이 된다. 목적은 상호의 이익을 추구해야 하며 공개되어야 한다. 이러한 동기와 목적은 행동으로 나타나야 직접적 신뢰에 연결된다. 성실성과 의도는 성품의 요소들이다.

③ 능력

능력은 재능, 태도, 기술, 지식, 스타일 등으로 사람들의 신뢰를 고취시킨다. 능력에는 신뢰를 쌓고 키우고 보내고 회복하는 능력도 포함한다. 직장인에게는 맡은 직무에 대한 전문성도 능력에 해당한다.

④ 성과

목표를 달성하면 긍정적인 평판을 얻는다. 평판은 우리가 생각하는 것보다 우리를 앞서간다. 성과를 내지 못하면 높은 신뢰의 문화를 만들 수 없다. 능력과 성과는 역량의 요소들이다.

신뢰가 낮은 조직은 업무 환경에서 그 비용을 치러야 한다. 먼저 불필요한 중복이 나온다. 사람들은 서로 신뢰하지 않기 때문에 엄격하게 감독해야 한다는 인식에서 점검과 확인의 중복이 발생된다. 복잡한 관료주의도 신뢰가 낮은 조직의 대표적 특징이다. 갈등은 표면화되고 서로 신뢰하지 않기 때문에 사람들은 성실성이 아닌 태만한 자세로 일할 확률이 높아진다. 신뢰가 없는 조직은 자연스럽게 이직률이 올라가고 속임수와 부정이 만연할 수 밖에 없게 된다.

그러나 신뢰가 높은 조직은 가치가 증대되어 실제적인 성과를 볼 수 있다. 성장이 가속화되는데 이는 고객뿐 아니라 주변 사람이 신뢰하는 기업과 파트너, 상대방과 더 많이, 자주, 소개하며 오랫동안 관계를 이어가기 때문이다. 신뢰가 높으면 혁신이 활발하게 이뤄진다. 무엇보다 상호 간의 협업이 증대한다. 이는 경쟁이 아닌 협력의 관점으로 일을 하기 때문에 가능하다. 파트너십은 더욱 강화되고 실행력이 향상된다. 무엇보다 조직구성원은 소속된 조직에 더욱 높은 충성심을 갖게 된다.

사 례

무조건 신뢰

"저는 박 대표께서 소개하시면 무조건 믿고 만납니다. 그분이 어떤 가치를 갖고 사는 분인지 잘 알기 때문이지요."라는 말로 시작된 김 대표와의 미팅은 1시간도 채 되지 않았는데 이미 두 회사가 중요한 일을 도모하는 것으로 이야기를 끝냈다.

2주일 후 김 대표 소개로 만난 전 상무와는 처음 만남에서 무려 4시간 가까이 마라톤 회의를 했고 하반기에 진행할 큰 행사를 논의하면서 어느 정도 큰 그림을 그리고 헤어졌다. 양사의 이미지와 미래를 불과 몇 시간 만에 만든 셈이다.

전 상무는 사실 대표가 제안했더라도 회사 입장과 자신의 견해에 조금이라도 맞지 않으면 절대로 움직이지 않는 사람이라고 했다. 그런데 대화를 하면서 회사가 나아갈 방향에 대해 자신의 생각과 너무도 똑같아 놀라웠고 왜 김 대표가 강력 추천하며 만나보라고 했는지 알겠다는 말을 남겼다.

사실 두 사람의 대화가 일사천리로 진행된 것은 그 부분에 대해 이미 수없이 많은 고민을 하며 답을 찾기 위해 노력해 왔기에 가능했던 것이다. 마케팅에서도 가장 좋은 방법은 고객들의 입에서 입으로 전해지며 자연스럽게 퍼져 매출 향상으로 이어지는 것인데 이것은 소비자들이 제품에 대한 신뢰가 확실할 때 이뤄지는 것이다. 신뢰는 한순간 이뤄지는 것이 아니라 올바른 삶의 누적된 결과에 의해 만들어지는 것이다.

출처: 국민일보 2013.8.13

3) 신뢰가 높은 사람의 13가지 행동

① 솔직하게 말한다.

솔직하게 말하는 것이 불필요한 오해를 낳는 것보다 낫다. 미국의 한 컨설팅 보고서에 따르면 직원 열명 중 여섯 명이 상사가 정직하게 말하지 않는다고 생각한다고 한다. 그 상사가 처음 입사할 때 직원일때도 크게 다르지 않았을 것이다. 그러나 신뢰를 주기 위해서는 우리는 정직해야 한다. 진실을 말해야 한다. 사람들이 당신의 입장을 알게 해야 한다.

간단하게 말하고 사실을 있는 그대로 말해야 한다. 이를 통해 내면의 성실성을 보여줘라. 사람들을 조정하거나 사실을 왜곡하지 말아야 한다. 진실을 왜곡하지 말아야 한다.

② 상대방을 존중한다.

제임스 오툴레(O'Toole)는 리더가 자신을 따르는 사람들에게 존중심을 분명하게 보여줄 때 신뢰가 형성된다고 하였다. 다른 사람에게 진정으로 관심을 보이는 행동은 존중을 보이는 간단한 방법이다. 모든 사람 모든 역할을 존중하고 모든 사람을 존중하는 마음으로 대하는 것이 중요하다. 특히 당신에게 아무것도 해줄 수 없는 사람들에게 그렇게 해야 한다. 작은 것에서 친절을 보여줘라. 거짓으로 관심을 보이면 안된다.

③ 투명하게 행동한다.

평소 우리는 투명하고 진실하기 위해 노력해야 한다. 특히 어려울 때는 더욱 그래야 한다. 그러나 이것은 생각만큼 쉽지 않은 일이다. 우리는 평소에 사람들이 확인할 수 있도록 진실을 말해야 하다. 진실을 보여야 한다. 공개적으로 대하고 진짜 의도를 말해야 한다. 숨겨진 의제를 갖지 마라. 정보를 숨기지 마라.

④ 잘못은 즉시 시정한다.

잘못했을 때는 그 잘못을 즉시 시정하라. 신속하게 사과하는 것이 필요하다. 가능하면 보상해야 한다. 그 과정에서 개인적인 겸손을 보여줘야 한다. 잘못을 덮기 보다는 자만심이 잘못을 시정하는 데 방해가 되지 않게끔 겸손한 마음을 갖는 것이 필요하다.

⑤ 신의를 보인다.

주변 사람의 공이 있다면 아낌없이 공을 인정해야 한다. 다른 사람의 공을 인정하고 당사자가 없더라도 있을 때처럼 이야기한다. 없는 사람을 대변해줘야 한다. 사람들의 등 뒤에서 험담하지 말아야 한다. 특히 다른 사람의 개인적 정보를 말하면 신의뿐 아니라 주변의 소중한 사람을 잃을 수 있다. 함께 일한 사람들에게 공을 돌리는 사람이 신뢰, 충성심, 재미, 열정을 빨리 얻을 수 있다는 말을 기억해야 한다.

⑥ 성과를 낸다.

실적을 내야 한다. 결과를 만들어야 한다. 이 때 올바른 일을 하는 것이 중요하고 일을 완수하는 것도 중요하다. 우리가 어떤 일을 할 때 그 채용된 목적을 잊지 말고 완수하는 것이 필요하다. 기한을 지키고 정해진 범위 안에서 일을 해야 한다. 약속은 크게 하고 성과는 미달하지 마라. 성과를 내지 못한 것에 대해 변명하지 마라.

⑦ 끊임없이 개선한다.

지속적으로 개선한다. 자신의 실력과 능력을 갈고 닦는다. 자신의 능력을 키우고 끊임없이 배워야 한다. 공식적, 비공식적 피드백 시스템을 만들어 주변 사람들로부터 피드백을 받는다. 무엇보다 받은 피드백에 대해 행동을 취해야 한다. 피드백을 준 사람들을 고맙게 여기고 자신은 피드백을 받지 않아도 된다는 생각은 버려야 한다. 오늘의 지식과 기술이 내일의 도전을 극복하는 데 충분하지 않을 수 있다는 것을 기억해야 한다.

⑧ 현실을 대면한다.

어려운 문제를 직접 다뤄야 한다. 말하지 않은 현실이 있음을 인정해야 한다. 용기 있게 대화를 주도한다. 현실의 문제를 회피하거나 외면하지 말아야 한다. 우리가 회피한 문제는 결정적 순간에 부메랑이 되어 돌아온다.

⑨ 기대하는 바를 분명히 한다.

기대하는 것을 밝혀야 한다. 이야기하고 확인하는 것이 더 좋다. 혹시 그 과정에서 기대와 다를 경우는 다시 대화를 하는 것이 낫다. 기대하는 성과를 달성하고 기대하는 것이 분명하거나 상대방이 알고 있다고 가정하지 말아야 한다. 우리가 생각만큼 상대방은 우리의 의도를 모른다. 우리가 표현하지 않으면 말하지 않으면 잘못된 오해로 대화를 진행할 수 있다.

⑩ 책임감있게 행동한다.

스스로 책임 있게 행동한다. 결과에 대해 책임있게 행동하고 스스로가 어떤 성과를 내

고 있는지 분명히 알려주고 다른 사람이 어떤 성과를 내고 있는지 명확하게 파악하는 것도 필요하다. 힘들고 어렵다고 책임을 회피하면 안된다. 일이 잘 풀리지 않을 때 다른 사람을 탓하거나 그들에게 책임을 돌린다면 신뢰를 주기 어렵다.

⑪ 먼저 경청한다.

말을 하기 전에 먼저 경청한다. 이해하기 위해 노력하고 상대방의 의도와 생각을 진단하는 것이 선행되어야 한다. 경청은 눈과 귀, 마음으로 들어야 한다. 함께 일하는 동료나 상사, 부하 직원들에게 어떤 행동이 가장 중요한지 알기 위해서 우리는 상대방의 이야기에 더 집중해야 한다.

⑫ 약속을 지켜야 한다.

무엇을 할 것인지 말하고 그 말한 대로 행동해야 한다. 신중하게 약속하고 그 약속을 지키는 것은 신뢰를 주기 위한 기본적 행동이다. 약속 지키기를 자신의 명예의 상징으로 만들어야 한다. 먼저 신뢰를 깨지 말아야 한다. 주변 환경을 조작하거나 남 탓을 통해 자신이 약속을 지키지 못한 데 따른 책임을 모면하려 하지 말아야 한다. 윤리적 문화 창조에서 가장 중요한 요소는 약속 지키기임을 기억해야 한다.

⑬ 먼저 신뢰한다.

먼저 신뢰성을 보여줘야 한다. 이를 위해 먼저 개인은 먼저 신뢰성을 갖춰야 한다. 즉 자신이 일에 있어서 성품과 역량의 균형 있는 모습을 보여줘야 한다. 그리고 먼저 신뢰하는 것을 주저하지 말아야 한다. 신뢰는 주지 않으면 받지도 못한다.

출처: 신뢰의 속도. 스티브 M.R. 코비 저. 정병창, 김경섭 역.

Level up Mission 2

🐾 주변에서 신뢰를 받는 사람들의 사례를 찾아보자. 이들의 행동 특성을 정리해 본 후, 이를 팀원
들과 공유해 보자.

학습평가 Quiz

1. 다음 중 대인관계의 욕구에 해당하지 않는 것은?

① 표출에 대한 욕구   ② 정서에 대한 욕구

③ 소속에 대한 욕구   ④ 통제에 대한 욕구

2. 다음 중 타인이 어떠한 방식을 본인의 행동에 반응할 것인지를 먼저 확실하게 파악한 이후에 자신의 행동을 표현하는 상황에서의 표출행동과 기대행동의 부등호 기호는?

① 표출행동 > 기대행동   ② 표출행동 < 기대행동

③ 표출행동 = 기대행동   ④ 표출행동 + 기대행동

3. 다음 중 신뢰의 4가지 핵심요소에 해당하지 않는 것은?

① 성실성   ② 의도

③ 자세   ④ 성과

4. 다음 중 신뢰가 높은 사람의 행동 특징 중 괄호 안에 들어갈 말은 무엇인가?

> 실적을 내야 한다. 결과를 만들어야 한다. 이 때 올바른 일을 하는 것이 중요하고 일을 완수하는 것도 중요하다. 우리가 어떤 일을 할 때 그 채용된 목적을 잊지 말고 완수하는 것이 필요하다. 기한을 지키고 정해진 범위 안에서 일을 해야 한다. 약속은 크게 하고 (　　　)은/는 미달하지 마라. (　　　)을/를 내지 못한 것에 대해 변명하지 마라.

① 진실   ② 노력

③ 목표   ④ 성과

5. 신뢰가 높은 사람의 행동 특징을 모두 적으시오.

Part 4
공동체윤리

학습내용 요약 Review

1. 사람은 저마다 자신만의 취향과 선호를 가진다. 소속에 대한 욕구, 통제에 대한 욕구, 정서에 대한 욕구는 개인마다 다를 수 밖에 없다.

2. 대인관계에서 소속, 통제, 정서 욕구는 표출행동과 기대행동으로 나타난다.

3. 신뢰의 사전적 의미는 굳게 믿고 의지함이다. 그러나 신뢰는 접근 방식에 따라, 연구자에 따라 다양하게 해석되고 있다.

4. 신뢰성을 구성하는 4가지 핵심요소는 성실성, 의도, 능력, 성과이다. 성실성과 의도는 다시 성품으로 묶을 수 있고, 능력과 성과는 역량의 범주로 묶을 수 있다.

5. 신뢰가 높은 사람은 성품과 역량을 기반으로 신뢰받을 수 있는 행동을 실천한다.

 스스로 적어보는 오늘 교육의 메모

서로의 성장을 돕는 조직문화

학습목표

- 조직문화에 대해 말할 수 있다.
- 조직문화의 특징에 대해 말할 수 있다.
- 건강한 조직문화에 적합한 인재상을 인지할 수 있다.
- 서로의 성장을 돕는 조직문화를 위한 인간관계 행동을 실천할 수 있다.

핵심단어

일, 조직문화, 조직문화의 특징, 성장을 돕는 조직문화

10
Chapter

들어가기

넷플릭스의 조직 문화와 인재 관리 원칙의 초석이 된 124쪽 분량의 슬라이드 문서 '컬처 데크(culture deck)'는 공개된 지 10년 만에 조회 수 1800만 건을 돌파했다. 이 문서는 넷플릭스 최고경영자(CEO)인 리드 헤이스팅스(William Reed Hastings Jr.)가 공유한 '자유와 책임의 조직 문화'에 대한 가이드다. 2009년 '하버드 비즈니스리뷰(HBR)'를 통해 대중에게 공개된 후 '조직 관리의 바이블'로 떠올랐다.

'컬처 데크'를 통해 밝혀진 헤이스팅스 CEO와 전(前) 최고인재책임자(CTO) 패티 맥코드(Patty Mccord)의 조직 관리 철학을 한 문장으로 압축하면 'A급 직원이 최고의 보상'이라는 것이다. 맥코드는 "탁월한 동료는 다른 모든 것을 넘어서는 보상"이라고 강조한다. '컬처 데크'는 복잡한 규정, 관료적 통제 대신 책임에 기반한 높은 수준의 자율적 조직 문화가 넷플릭스 성공의 핵심 비결이라고 전한다. 이 문서에 담긴 넷플릭스 조직 문화를 다섯 가지로 정리했다.

1) 가치란 우리가 가치 있게 여기는 것이다(Values are what we value)

회사의 실제 가치는 건물 로비에 걸린 그럴듯해 보이는 구호가 아니다. 회사와 직원들이 가치 있게 여기는 행동과 능력에 있다. 넷플릭스는 아홉 가지 조건을 만족하는 사람을 고용하고 승진시킨다. 아홉 가지 가치는 △판단력 △소통 △파괴력 △호기심 △혁신 △용기 △열정 △정직 △이타심이다.

2) 높은 퍼포먼스(high performance)

넷플릭스가 말하는 훌륭한 일터란 많은 복지 혜택, 고급 오피스가 아니라 멋진 동료들이 있는 곳이다. 넷플릭스는 이 같은 환경을 만들고 유지하기 위해 노력한다. 조직은 '가족'이 아니고 '스포츠팀'이다. 고용과 성장, 해고를 현명하게 수행함으로써 모든 직위에 '스타급' 플레이어를 앉혀 놓는다. 그리고 높은 퍼포먼스란 열심히 일하는 것과는 전혀 관계가 없다. 성과를 내야 한다.

3) 자유와 책임(freedom &responsibility)

책임감 있는 사람은 자유 속에서 성장하고, 자유를 누릴 가치가 있다. 넷플릭스는 직원의 자유를 최대한 보장해서 창의적인 인재를 계속 키워나간다. 이를 통해 지속적인 성장을 도모한다.

4) 동종 업계 최고 임금으로 대우(pay top of market)

넷플릭스는 시장에서 가장 높은 임금을 지불하는 것이 최고의 성과를 창출한다고 생각한다. 일반적인 두 명의 직원보다 한 명의 월등한 직원이 더 많은 성과를 거두면, 비용은 감소한다. 넷플릭스는 높은 임금을 무기로 뛰어난 직원만을 찾는다.

5) 승진과 자기 계발의 기회(promotions &development)

　넷플릭스가 평생직장이 될 필요는 없다. 때때로 어떤 팀에서는 조직원 성장의 기회가 충분하지 않을 수도 있다. 넷플릭스가 그에게 적합한 제안을 할 수 없는 경우에는 그가 더 큰 일과 직급을 맡기 위해 이직하는 것을 반대하지 않는다.

출처: 조선일보. 2019.9.22

사전질문

1. 조직문화란 무엇인가?

2. 수평적 조직문화의 요소에는 무엇이 있는가?

3. 조직문화의 순기능과 역기능은 무엇인가?

4. 조직문화가 중요한 이유는 무엇인가?

5. 조직문화에 적합한 인재상은 무엇인가?

1. 조직문화의 개념

1) 조직문화의 개념

HRD 용어사전에서는 조직문화(organizational culture)를 "조직구성원이 조직생활을 통하여 학습하고 공유하며, 전수하는 신념, 규범, 관행으로써 조직구성원들의 생각과 의사결정 및 행동에 방향과 힘을 주는 것이다."로 정의하고 있으며 데이비드 니들(David Needle)은 조직문화는 구성원들의 가치관, 신념, 그리고 원칙들의 총합을 나타내는 것으로써, 조직의 역사, 제품, 시장, 기술, 전략, 구성원들의 성격, 경영 스타일, 그리고 소속 국가의 문화 같은 요소들의 영향을 받으며, 조직문화에는 조직의 비전, 가치관, 규범, 체계, 상징, 언어, 전제, 환경, 위치, 신념, 그리고 습관 등이 포함된다고 하였다.

조직문화는 조직구성원들이 조직 내의 가치체계를 공유하고 학습한 결과로서 나타나며, 조직에서의 규칙과 절차, 행동지침을 제공한다. 조직에서의 규칙과 절차, 행동 등과 같은 조직의 내재적인 것을 의미하며, 사람들이 행동하는 방식과 조직에서 일이 이루어지는 방식에 관한 조직의 규범과 기대로 정의될 수 있다. 조직문화는 사회적 학습과정을 통하여 조직구성원의 행동에 영향을 미치게 된다. 특히, 가치와 신념은 조직문화의 본질이자 이를 조직 내에서 공유하는 정도는 조직문화의 힘을 결정하게 된다. 조직이 지닌 가치와 신념에 대한 조직구성원의 광범위한 공감대가 형성된 조직문화는 강하고 응집력이 매우 높다.

이처럼 조직문화는 조직의 경쟁력이자 조직성과에 기여하는 가치 있는 자원이라 할 수 있다. 조직이 처하고 있는 환경적인 특성에 따라 조직문화가 형성되고, 조직문화 유형에 따라 조직성과 역시 달라진다. 조직문화는 조직구성원이 보편적으로 공유되고 있는 중요한 과정으로서, 조직 내에서 특정한 형태로 존재하며, 유형별로 특성화되어 있다.

일반적으로 조직문화는 조직 내 기능과 생산성에 영향을 미치는 것으로 밝혀졌다. 조직문화는 조직구성원의 조직 목표 및 가치에 대한 강한 믿음과 인정, 조직구성원의 조직에 대한 헌신과 긍정적인 상관관계가 있으며, 직무만족, 조직몰입 등 직무수행과 업무 태도, 서비스의 품질에 영향을 미친다. 이와 같이 조직문화는 조직 특성에 대한 조직구성원들의 종합적인 인식이자 조직목표의 달성, 조직효과성 등 조직의 성공을 결정짓게 되는 중요한 변수라 할 수 있다.

2) 조직문화의 성격

① 조직문화는 신념, 규범, 관행, 가치관, 원칙이다. 시스템, 언어, 상징, 가정 등도 포함된다.
② 조직문화는 역사, 제품, 시장, 기술, 전략, 직원들의 성향, 경영 스타일 등의 영향을 받는다.
③ 조직문화는 조직이 속해 있는 국가 등 공동체 문화의 영향을 받는다.
④ 조직문화는 조직생활을 통해 학습되고 공유되며 전수된다.

3) 수평적 조직문화의 요소

수평적인 조직문화를 형성하기 위해서는 솔직함, 자율성, 존중이 바탕되어야 한다.

① 솔직함

안 되는 건 안 된다고, 어려운 건 어렵다고 말할 수 있는 것이다. 조직문화가 솔직함을 갖게 된다면 상대방 의도에 대한 해석과 이로 인한 비효율의 낭비를 줄일 수 있다.

② 자율성

무슨 일을 어떤 방법으로, 언제 할 지 선택할 수 있는 것이다. 상사나 타인에 의해 강요된 업무가 아닌 신뢰를 바탕으로 스스로 업무의 방법과 방식을 결정할 때 업무에 대한 몰입과 성과를 높일 수 있다.

③ 상호존중

직급이 낮다고 해서 함부로 대하지 않는 것이다. 이는 상호존중을 전제한다. 상대방에

대한 배려와 존중은 수평적 조직문화 뿐 아니라 인격적으로 성숙한 조직문화 형성에 기여하게 된다.

 Level up Mission I

 자신이 소속된 조직을 정리해보고 이를 팀원들과 공유해 보자.

1. 자신이 속한(속했던) 조직은 어떤 성격을 가지고 있는가?
2. 자신의 속한(속했던) 조직은 수평적 조직문화의 요소를 가지고 있는가?

2. 조직문화의 특징

1) 조직문화의 순기능

많은 연구자들은 조직문화가 형성되는 과정은 개인의 조직에 대한 긍정성과 부정성의 조직적 형태의 수용이라고 보았다. 즉, 조직문화는 조직구성원의 상황, 행동, 사물 혹은 사람을 판단할 때 사용하는 공유된 평가의 기준이며, 당위성을 내포하고 있어서, 당연히 되어야 할 것, 또는 전혀 그렇게 해서는 안 되는 것이 무엇인지의 판단이라는 의미를 내포하고 있다. 이러한 관점에서 조직문화가 다음과 같은 기능을 수행함으로써 조직에 미치는 영향은 구성원의 행동을 비공식적으로 인정 또는 금지하는 방식으로 작동한다. 조직에서 작동하는 조직문화의 보편적 기능은 다음과 같다.

① 조직문화는 구성원의 정체성을 제공하며, 조직구성원들을 결합하고 의미부여를 해주며, 행동을 결정하게 해주는 역할을 한다.

② 조직구성원의 행동에 집단적 몰입을 형성하여 조직이 지향하는 바를 정당화하고 조직에 전념하도록 한다.

③ 환경적응의 역할로써 규범과 통제를 통하여 조직 체계의 안정성을 높일 수 있다.

④ 행동에 대한 지침 형성기능으로 조직이 조직구성원들에게 금지해야할 행동에 대한 기준을 제공하게 되며, 보상 체계의 학습도구 역할을 한다.

2) 조직문화의 역기능

조직문화는 상황에 따라 역기능을 보이기도 하는데 역기능은 다음과 같다.

① 조직문화는 관행을 형성하여 의사결정에 간접적인 영향을 끼치며, 의사소통을 왜곡할 수 있고, 조직 내 공통문화가 약할 때는 하위문화가 형성되어 조직 갈등의 원인을 제공한다.

② 조직구성원의 공유가치가 조직 성과와 일치하지 않을 때는 조직의 변화에 걸림돌로 작용할 수 있다.

③ 조직문화는 성별, 인종, 성격, 가치관 등 다양한 조직구성원을 일률적 가치로 한정시킨다.

④ 어떤 문화가 조직성과에 부정적으로 미치게 형성될 수도 있다.

이와 같이 조직문화는 구성원들의 참여와 공감대 도출로 기업의 경영전략에 따른 의사결정의 바탕으로 작용하며, 조직문화는 대내외적으로 조직의 이미지를 형성하여 기업경쟁력의 핵심으로 작용할 수 있다. 조직문화는 개인뿐 아니라 조직에게 직접적, 간접적 영향을 주므로 조직문화가 순기능으로 작용할 수 있도록 조직문화를 형성하는 것이 중요하다고 할 수 있다.

3) 조직문화의 유형

조직문화의 유형을 분류하는 특별한 기준이 존재하지는 않는다. 연구자에 따라 유형 구분은 다양하다. 일반적으로 조직문화를 연구하는 연구자의 관점과 관심도에 따라 서로 다르게 다양한 의미로 조직문화의 유형을 구분, 분석하고 있다.

① Harrison의 구분

Harrison[1972]은 조직 문화적 특성이 그 조직의 이념적 지향에 따라 다르게 형성된다는 논리로 권력지향, 역할지향, 과업지향, 그리고 인간지향 이상 네 가지로 구분하였다. 권력지향은 핵심인물이 시행하는 몇 가지 규칙, 절차, 통제가 존재하는 강한 리더십에 의존한다. 이 문화는 경쟁적이고 도전적이다. 권력지향에서는 돈이나 지위가 높은 가치이고, 보상수단 및 강압수단을 이용할 수 있으며 개인적 성공이 인정된다.

역할지향은 직무 전문화, 절차, 규칙이 명확하며, 직무명세, 권한, 커뮤니케이션 절차, 분쟁해결 규범 등에 명확한 특성이 있다. 과업지향은 기술적 전문지식을 이용한 집단문화로 개인목표나 지위가 상이하며, 개인이 팀 목적에 잘 융화되지만 조직의 전체 목적을 고려하기는 어렵다. 마지막 인간지향은 조직 내 개인의 목표를 우선하는 특성을 지니며, 통제는 단지 상호 동의에 의해서만 가능하고, 집단 구성원들과 개인적인 것이 조직에 우선하는 유형이다.

② Handy의 구분

이념적 지향에 따라 조직문화 유형을 구분하였으며 클럽문화, 역할문화, 과업문화, 그리고 실존문화 이상 네 가지로 구분하였다. 첫째, 클럽문화는 친화와 신뢰를 바탕으로 감정이입을 통한 의사소통, 개인차이의 인정, 비합리적, 신속성, 자비로운 권력의 특징을 가진다. 둘째, 역할문화는 질서와 규칙, 개인 특성 무시, 합리적, 논리적, 안정성, 예측성, 표준화, 구조화를 강조하는 문화이다. 셋째, 과업문화는 문제해결지향과 권한분산을 추구하고 전문성과 창의성, 다양성을 강조하는 등 과업에 초점을 맞춘 문화이다. 넷째, 실존문화는 조직에 우선하는 인간의 중요성, 합의에 의한 의사결정 그리고 보스의 존재를 불인정하는 등 인간 중심의 유형이다.

③ kimberlyy & Quinn의 구분

크게 집단문화, 개발문화, 위계문화, 합리문화로 구분하였다. 집단문화는 집단의 구성원들이 가족적이면서 인간미 넘치는 분위기를 바탕으로 동기를 유발시켜 유연하고 조직의 통합과 단결 즉, 집단의식을 강조하는 특징을 가진 문화이다. 둘째, 개발문화는 집단의 구성원들이 매우 활기 넘치는 문화로 생동감이 있으며, 구성원간에 때로는 경쟁과 협력을 통해 외부환경에 적극적으로 대응하며 잠재성 개발을 통한 발전을 강조하는 특징을 가진 문화이다. 셋째, 합리문화는 집단의 구성원들이 체계적으로 계획과 목표달성을 위해 능률적인 조직을 중심으로 결속하여 외부환경변화에 따라 적극적으로 대처하고 안정성과 통제, 그리고 질서를 중요시하는 특징을 가진 문화이다. 마지막으로 위계문화는 조직의 구성원들이 공식적인 조직의 규칙을 중심으로 결속되어 안전한 업무를 위해 안정성과 통제 그리고 규율 등이 강조된다.

위에서 살펴본 바와 같이 조직문화의 유형은 학자마다 다양하게 분류된다. 이 외에도 조직유형을 관계지향문화, 혁신지향문화, 위계지향문화, 과업지향문화로 구분하고 있다. 각 유형별 특징을 표로 정리하면 아래와 같다.

[표 10-1] 조직문화 유형의 구분

구분	관계지향문화	혁신지향문화	위계지향문화	과업지향문화
인간/조직	인간개발	조직	인간	조직
조정	유연성	유연성	통제	통제
차원	내부	외부	내부	외부
수단	응집력, 사기	적응성, 준비성	정보관리	목표설정, 계획
목적	인적자원개발	성장, 자원획득	안정성, 통제	생산, 능률, 경쟁
동기부여	애정	성장	안전	능력

• 출처: 김한준(2013)

 Level up Mission 2

 조직문화의 순기능과 역기능에 대한 개인적 생각을 정리한 후, 이를 팀원들과 공유해 보자.

3. 건강한 조직문화에 적합한 인재

1) 도전성을 지닌 인물

기업에서 필요로 하는 사람은 도전성을 가진 자로서 항상 연구하고 시간을 중요하게 여기며 시간을 유익하게 사용하고 연구와 노력을 아끼지 않는 사람이다. 적극적이고 도전적인 사람, 즉 확고한 신념 및 정확한 판단 아래 소신 있게 일을 도전할 수 있는 사람을 말한다.

2) 전문성을 가진 인물

고도로 전문화된 사회를 살아가기 위해서는 전문지식과 기술을 갖추어야 하며 이러한 전문성은 정직하고 성실한 인간성을 바탕으로 할 때 사회에 유익하게 쓰이는 것이다. 자신의 소임을 정직하고 성실한 자세로 수행하는 것은 기업뿐만 아니라 사회의 어떤 조직에서나 다 같이 요구된다.

3) 책임성을 가진 인물

자신의 일에 대해 책임감을 가지고 사회에 봉사하는 자세가 필요하다. 기업은 단순히 이익만을 추구하는 조직이 아니라 경제활동을 통해 국가와 사회의 발전에 기여하는 데서 존재가치를 찾는다. 따라서 기업의 구성원 개개인도 직무를 수행함에 있어서 개인적인 성취와 함께 상회의 봉사로 보람을 느끼려는 자세를 갖추어야 할 것이다. 급변하는 현대를 살아가면서 예기치 못했던 어려운 환경에 도전하여 능동적으로 대처하고 극복하여 마침내 목표를 성취해내는 일에 대한 정열, 불확실한 미래를 두려워하지 않고 목표를 세워 과감히 도전할 줄 아는 패기는 현대를 살아가는 사람들이 갖추어야 할 덕목이다.

4) 주인의식을 가진 인물

주인의식이 투철하고 조직의 공동 목표 달성을 위해 양보할 줄 알며 어려운 일에 솔선수범하는 조직인으로서의 자질을 갖춘 사람과 관계를 맺고자 한다. 합리적이고 진취적인 사고로 끊임없이 탐구 노력하며 아이디어를 제시하고 개선의식이 투철한 사람을 원한다.

5) 팀워크를 이룰 수 있는 인물

직장은 인간이 삶을 영위하기 위한 생활의 터전이며 인격 수양의 도장이다. 그러므로 생을 영위하기 위한 경제활동과 인격 수양의 무대로서의 직장을 가꾸기 위해 자신이 소속해 있는 조직 내에서 왕성한 근무의욕, 그리고 뜨거운 애사심을 가지고 생의 무대로서의 직장이라는 성스러운 터전을 가꾸겠다는 의욕에 찬 인재를 필요로 한다. 따라서 직장 생활을 통하여 자신의 역할과 사명을 깊이 인식하고 회사의 성장과 발전이 나의 발전에 직결됨을 알아야 한다. 직장의 소중함과 자신의 소중함을 깨달아 발전적이고 긍정적인 사고와 철두철미한 책임의식을 갖고 급변하는 환경 여건에 따라 적극적, 능동적, 창조적 자세로 업무에 임할 수 있는 자세를 갖추는 젊은 인재를 요구한다.

 사 례

구글의 조직문화 : Google 10 Work Rules

1. 일의 의미를 부여하라.
2. 직원들을 믿어라.
3. 자기보다 더 나은 사람을 채용하라.
4. 성과 관리와 성장을 혼돈하지 마라.
5. 최악의 직원과 최고의 직원에게 초점을 맞춰라.
6. 인색하면서도 동시에 관대하라.
7. 불공정하게 보상하라.
8. 넛지, 슬쩍 옆구리를 찔러라.
9. 점점 커지는 기대를 관리하라.
10. 즐겨라! 그런 다음 1번으로 다시 시작하라.

 Level up Mission 2

우수한 조직문화로 인정받고 있는 조직문화 사례를 찾아보자. 조직문화의 특징과 성공적 정착이 가능했던 이유에 대해 생각을 정리한 후, 이를 팀원들과 공유해 보자.

1. 우수한 조직문화를 가진 기업의 사례를 소개해보자.
2. 우수한 조직문화를 가진 기업이 다른 기업의 조직문화와 차별점에는 무엇이 있는가?
3. 성공적 조직문화의 정착이 가능한 이유는 무엇이라 생각하는가?

학습평가 Quiz

1. 다음 중 괄호 안에 들어갈 말은 무엇인가?

> (　　　)(이)란 조직구성원이 조직생활을 통하여 학습하고 공유하며, 전수하는 신념, 규범, 관행으로써 조직구성원들의 생각과 의사결정 및 행동에 방향과 힘을 주는 것이다.

① 직업기초능력　　　　② 조직문화
③ 직업윤리　　　　　　④ NCS

2. 다음 중 수평적 조직문화의 요소에 해당하지 않는 것은?

① 상호존중　　　　　② 자율성
③ 성과주의　　　　　④ 솔직함

3. 다음 중 순기능에 해당하지 않는 것은?

① 정체성 제공　　　　　② 조직 구성원의 결합
③ 집단적 몰입 형성　　　④ 조직구성원을 일률적 가치로 한정

4. 다음 중 과업지향문화와 관련 없는 단어는?

① 성장　　　　　　② 외부차원
③ 목표설정, 계획　　④ 생산, 능률, 경쟁

5. 다음 중 건강한 조직문화에 적합한 인재에 해당하지 않는 것은?

① 도전성을 지닌 인물　　② 책임성을 가진 인물
③ 전문성을 가진 인물　　④ 개인주의가 강한 인물

6. 서로의 성장을 돕는 조직문화를 만들기 위한 인간관계 실천 행동을 모두 적으시오.

학습내용 요약 Review

1. 조직문화란 조직구성원이 조직생활을 통하여 학습하고 공유하며, 전수하는 신념, 규범, 관행으로써 조직구성원들의 생각과 의사결정 및 행동에 방향과 힘을 주는 것이다.

2. 수평적 조직문화의 요소로는 솔직함, 자율성, 상호존중이 있다.

3. 조직문화는 순기능과 역기능을 동시에 갖는다.

4. 조직유형은 다양하게 분류할 수 있지만 대표적으로 관계지향문화, 혁신지향문화, 위계지향문화, 과업지향문화로 나눌 수 있다.

5. 서로의 성장을 돕는 조직문화는 실제적인 행동을 통해서 이뤄질 수 있다.

 스스로 적어보는 오늘 교육의 메모

직장예절 1
(첫인상, 인사)

차례

학습목표

· 직장예절에 대해 말할 수 있다.
· 직장예절의 중요성에 대해 말할 수 있다.
· 기본적인 직장예절을 실천할 수 있다.

핵심단어

일, 직장예절, 첫인상, 매너, 에티켓, 공동체윤리

11
Chapter

기업가 정신

우리나라 직장인들은 신입사원이 갖춰야 할 가장 큰 역량은 '예절과 매너'이고, 가장 꼴불견으로는 '근무태도 불량 직원'을 꼽는 것으로 나타났다.

5일 경기도 무료 온라인 경력개발 사이트 꿈날개(www.dream.go.kr)에 따르면 지난달 전국 직장인 회원 638명을 대상으로 직장 생활에 대한 설문조사를 한 결과, 응답자의 61.4%(392명)가 신입사원에게 가장 필요한 역량을 '직장 생활의 예절과 매너'라고 답했다.

다음으로는 '업무에 대한 열정과 적극성' 27.4%(175명), '업무에 대한 전문적인 지식' 6.7%(43명), '기본 문서작성 능력' 3.7%(24명) 순이다.

예절과 매너를 요구받는 신입사원들은 정작 이에 대해 정식교육은 받지 못한채 눈치껏 배우는 것으로 나타났다.

'직장예절과 매너에 대해 어떻게 배웠는가?'라는 질문에 전체회원의 91.3%(583명)가 '아무도 알려주지 않아 눈치껏 배우거나 상사나 주변사람들이 지적을 해줘서 알았다'고 답했다.

가장 꼴불견인 신입사원으로는 지각이나 외출이 잦고 업무시간중 인터넷 서핑을 하는 '근무태도 불량 사원' 39.4%(252명)이 꼽혔다.

이어 '아는 척하며 멋대로 업무를 진행하는 사원' 18.0%(115명), '불평불만이 많은 사원' 17.5%(112명), '인사 안하는 사원' 12.5%(80명) 순으로 나타났다.

당황했던 경험에 대한 질문에는 '잘못됐다고 생각되는 상사의 의견, 무조건 따라야 하는지 잘 몰라 당황했다'는 응답이 47.6%(304명)로 가장 많았다.

이밖에 상사의 술 권유 거절, 긴급한 보고 여부 판단, 연장자 호칭문제, 전화 및 이메일 예절 등을 몰라 당황한 경험이 있다고 답했다.

출처: 연합뉴스. 2014.10.1

1. 직장예절은 무엇인가?

2. 직장예절의 중요성은 무엇인가?

3. 좋은 첫인상을 만드는 방법은 무엇이 있는가?

4. 상황별 사무실에서의 기본예절은 무엇인가?

5. 상황에 맞는 인사를 할 수 있는가?

1. 직장예절

1) 예절의 의미

예절이란 일정한 생활문화권에서 행해지던 오랜 생활습관이 하나의 공통된 생활방법으로 정립된 사회계약적인 생활규범이다. 또한 다소 추상적이고 주관적인 도덕적 이념을 상황에 따른 구체적 형식에 담아 일상적 삶을 가능하게 하는 관습적 규범이다. 특히 사람이 무리를 지어 하나의 문화를 형성하며 사는 일정한 지역을 생활문화권이라고 하고 그 문화권에 사는 사람들이 가장 편리하고 바람직한 방법이라 여겨 모두 그렇게 행하는 생활방법이 예절이다. 따라서 예절은 언어 문화권과 밀접한 관계를 갖는다. 민족과 나라에 따라 언어가 다르듯이 예절도 국가와 겨레에 따라 달라진다. 같은 언어문화권이라도 산과 강을 경계로 해 사투리가 있듯이 예절도 지방에 따라 약간씩 다를 수 있다.

이렇듯 예절이 형식적으로 다양하게 나타나는 것을 '예절의 다양성'이라 하는데, 여기에서도 절대 변하지 않는 것이 있다. 그것은 "인간에 대한 존중"이라는 근본정신이다. 모든 예의범절의 근본정신은 인간에 대한 깊은 믿음과 사랑이 바탕이 되어 나온다.

2) 직장예절의 의미

직장은 계층과 연령이 서로 다른 사람들로 구성된 조직사회이다. 출생, 성장, 교육, 취미, 소질, 가치관이 각기 다른 이질적인 사람들이 모여 공동의 목표 아래 서로 협력하여 조직적으로 일하는 곳이다. 일반 사회생활과 조직 사회인 직장 생활이 서로 다른 점은 직장에는 나름대로의 특유한 규범이 있으며 공동의 목표를 갖는다. 따라서 개개인은 조직의 목표와 규범에 맞추어 자신의 특이성을 조화시켜야 하기 때문에 직장 사회에서 요구하는 예절은 더욱 엄격하다. 일반적인 예절이 인간으로서의 자기 관리와 사회인으로서의 대인 관계를 원만히 이루어 나가기 위한 것임과 같이, 직장 예절은 직장인으로서의 자기 관리와 대인 관계를 공동의 목표 성취를 위한 방향으로 이루어 나가기 위한 것이다.

3) 직장예절의 중요성

직장에는 최소한의 기본수칙이나 규범이 있다. 개성과 성격이 상이한 사람들이 모여 공동의 목표를 추구하는 직장에서 자신이 지켜야 할 행동규범을 지키지 않을 때 모래알 같은 조직이 되고 만다. 직원들 간 예의 있는 행동 즉, 에티켓이 잘 지켜지는 회사일수록 업무능률도 향상되고, 일터에서 느끼는 보람도 크다. 직장예절은 지식으로 익히는 것이 아니므로 예절이 몸에 배도록 하기 위해 반복적인 훈련이 필요하다.

2. 첫인상

1) 첫인상의 중요성

첫인상은 소통의 시작이다. 직접 만나 이야기하는 면대면 커뮤니케이션에서뿐만 아니라, 트위터나 페이스북과 같은 SNS(Social Networking Service)를 통해 만난 상대에 대해서도 첫인상을 형성하고, 이것이 추후의 소통에 영향을 주기 때문이다. '인상(impression)'이란 어떤 사람이나 사물에 대해 총체적으로 요약된 평가를 말한다. 첫인상은 일단 형성되면 쉽게 바뀌지 않는다. 동일한 정보 세트라도 먼저 제시된 정보가 더 큰 힘을 발휘하는 것을 '초두효과(primacy effect)'라 하는데, 첫인상의 효과도 이것의 한 사례라 할 수 있다. 한 실험에서, 30문제 중 전반부 15문제를 맞춘 학생들이 후반부 15문제를 맞춘 학생들보다 더 똑똑할 것이라는 인상이 형성되었다. 더욱이 앞의 학생들은 30문제 중 20문제를 맞췄을 것으로 추론한 반면, 뒤의 학생들은 12문제를 맞췄을 것으로 추론하여, 전반부의 성과가 전체적인 평가에 큰 영향을 준다는 사실이 밝혀졌다. 이것은 '상승세'가 더 좋은 평가를 받을 것이라 예측했던 연구자의 생각과 어긋나는 결과였다. 이와 유사하게, 교사들에게 학생들의 성적을 보고 능력을 판단하게 했을 때, 교사들은 첫 시험을 잘 치르고 기말시험을 잘못

치른 학생을 그 반대의 경우보다 더 좋게 평가하는 경향이 있다. 이 교사들에게는 첫 시험이 학생들에 대한 첫인상 형성에 기반이 된 것이고, 기말시험 결과는 그 첫인상에 따라 달리 해석된 것이다. 좀 더 구체적으로 추론해 보면, 첫 시험을 잘 본 학생에 대해서는 '똑똑한' 학생이라는 첫인상을 갖게 되는데, 이 학생이 기말시험을 못 보면 '집에 무슨 일이 있나?' 하고 생각하며 '능력 있는' 학생인데 외부의 어떤 원인 때문에 기말시험을 못 보았을 것이라고 생각하기 쉽다. 반면에, 첫 시험을 못 본 학생에 대해서는 '그저 그런' 학생이라는 첫인상을 갖게 되는데, 이 학생이 기말시험을 잘 보면 '커닝한 건 아닐까?' 하고 생각할 수도 있다. 그 이유는 첫 시험으로 형성된 첫인상이 별로 좋지 않아 그것이 다음 행동의 평가에까지 영향을 주기 때문이다. 처음 들어오는 정보는 머릿속에 아무 것도 없는 상태에서 들어오기 때문에 액면 그대로 받아들여져서 매우 큰 영향을 준다. 그런데 이후에 들어오는 정보는 이미 들어와 있는 정보에 비추어 일관성 있게 해석하려는 경향이 있기 때문에, 처음에 잘 한다고 생각했던 학생이 못하면 '무슨 일일까?' 걱정하고, 처음에 못한다고 생각했던 학생이 잘하면 '웬일이지?' 하고 의심하는 것이다. 첫인상이 큰 영향을 주며 잘 바뀌지 않는 현상의 이면에는 사람들이 머릿속에서 '일관성(consistency)'을 유지하려 하는 심리적 압력이 내재해 있다. 원래 좋게 생각했던 사람은 좋은 행동을 하는 것이 일관성에 맞고, 원래 좋지 않게 생각했던 사람은 좋지 않은 행동을 하는 것이 일관성에 맞기 때문에, 원래 좋게 여겼던 사람이 좋지 않은 행동을 하면 '그럴 만한 이유가 있겠지'하고 너그러이 평가하는 반면, 원래 좋지 않게 여겼던 사람이 좋은 행동을 하면 '무슨 꿍꿍이 속이 있을까?' 하고 의심하게 된다. 이 일관성 원리는 우리가 모르는 사이에 우리의 많은 사고과정을 지배하고 있다.

2) 좋은 첫인상 만들기

① 첫인상 중요성 깨닫기

첫인상은 직장 생활을 포함한 우리의 삶의 다양한 현장에서 그대로 적용된다. 그러므로 사회생활 초기에 좋은 첫인상을 갖는 것은 이후 성공적인 직장 생활을 위해서도 중요하다. 첫인상은 상대에게 갖게 되는 최초의 이미지가 되고 자신의 정보를 전하는 첫 번째 단계이다. 사회적 작용의 시작이자 추후 상호작용의 결정요인이며 상대방에게 오랜 기간 동안 영향을 미치게 된다. 반면에 첫인상은 아주 짧은 시간에 결정된다.

② 첫인상 표정으로 시작하기

첫인상이나 이미지는 성형으로 만들어지는 것이 아니다. 현재 자신의 모습에서 좀 더 나아 보이고 호감을 주는 것에 초점을 맞추고 있다면 가장 효과적으로 표현하는 방법은 바로 표정이라고 할 수 있다. 아무리 아름다운 얼굴, 멋있는 외모라 할지라도 무표정하다거나 무관심한 표정을 짓는다면 상대방으로부터 거리감이 생길 수 있다. '미소가 중요하다.', '웃으면 복이 온다.'라는 말이 있듯이 호감 가는 표정과 부드러운 미소는 좋은 결과를 준다.

우리의 얼굴에는 많은 근육들이 있다. 근육이 어떻게 움직이느냐에 따라 습관처럼 움직이는 근육들이 어떻게 기억되어 있느냐에 따라 부드러운 표정의 여부가 결정될 수 있다. 지금 당장 거울을 보고 자신의 표정을 관찰해보자.

자신의 표정이 상대방으로 하여금 호감을 사기에 부족하다고 느낀다면 지금부터 매력적인 표정, 호감 가는 첫인상을 만들기 위해 꾸준히 노력하여야 할 것이다.

좋은 이미지, 호감 가는 이미지를 만들기 위해서는 우선 잘 웃는 연습이 필요하다. 입만 웃는 것이 아니라 얼굴 전체 근육을 활용하여 눈과 함께 웃으며 특히, 입 꼬리가 자연스럽게 올라가며 웃을 수 있도록 연습을 해야 한다. 입꼬리 올리는 연습을 할 때 가장 많이 사용하는 단어가 '위스키~' 혹은 '개구리 뒷다리~'가 일반적으로 사용되며 입 모양을 단계적으로 벌어지게 하여 자연스러운 미소가 되도록 연습을 하자. 표정연습을 할 때에는 다소 어색함이 있더라도 거울을 보면서 입꼬리가 한쪽만 올라가는지 또는 입꼬리가 아래쪽으로 처지지는 않는지 잘 관찰하며 얼굴 근육들을 기억시키는 꾸준한 연습이 필요하다.

Level up Mission 1

 아래 스마일 지수 표를 작성해 보고 이를 팀원들과 공유해 보자.

1. 내가 생각하는 나의 첫인상은 어떤가?
2. 좋은 첫인상을 주기 위한 방법에는 무엇이 있는가?

[표 11-1] 나의 스마일 지수 체크하기

항목	1 별로	2 그저 그래	3 보통	4 봐줄만 하다	5 썩 괜찮다
하얀 이가 살짝 보이는가?					
입꼬리가 살짝 올라가며, 표정이 자연스러운가?					
눈도 같이 환하게 웃고 있는가?					
어깨나 목이 뻣뻣해 보이지는 않는가?					
웃으면서 입을 손으로 가리지는 않는가?					
웃을 때 몸이 흔들리지 않는가?					
소계					
합계 점수					

[표 11-2] 나의 스마일 지수 해석	
10점 미만	무표정에 거의 웃지 못한다. 미소가 매력의 중요한 요소임을 깨달아야 한다
10점 이상	미소로 상대방의 호감을 사기에는 부족, 좀 더 자신 있는 미소를 위해 치아 상태나 표정에 신경 써야 한다.
15점 이상	아직은 웃는 것이 조금 어색하다. 조금만 노력하면 매력적인 미소의 주인공이 될 수 있다.
25점 이상	훌륭한 매력 미소!!! 당신은 미소천사로 임명한다.

③ 부드러운 시선으로 바라보기

사람은 매력적인 사람과 눈을 마주치면 뇌에 있는 보상기관이 활발하게 활동한다. 그러나 아무리 매력적인 사람이라도 나의 눈과 마주치지 않으면 뇌가 아무런 반응도 하지 않는다고 한다. 그 이유는 눈 맞춤은 자신감의 표현이며 상대방에게 얼마나 많은 관심을 가져주는지 아닌지를 느낄 수 있는 척도이며, 아무리 매력적인 사람이라도 나에게 시선을 주지 않으면 '나에게 관심이 없구나' 라는 실망으로 뇌의 보상기능이 움직이게 된다고 한다.

또한 부드러운 눈 맞춤으로 커뮤니케이션의 흐름을 조절하고 피드백에 대한 모니터링과 감정의 표현 및 대인관계 나타내며 더 많이 응시하는 사람이 호의적이고, 친근하며, 신뢰가 가고, 단호하며 유능한 사람으로 받아들여진다는 것이다. 그러므로 올바른 눈맞춤은 개인의 일상생활 속에서도 중요한 역할을 한다.

④ 효과적인 제스처 사용하기

표정연습과 부드러운 시선처리를 가지고 있다면 다음으로 적재적소에 필요한 효과적인 제스처를 사용해보자.

제스처는 신체언어 중 가장 많은 동작과 의미 분화를 유발하는 것으로 손가락, 손바닥, 주먹 등 작은 의미의 손짓과 팔의 움직임을 수반하는 팔짓으로 구분 지을 수 있다는 연구가 있다. 그래서 제스처는 감정표현의 기능을 가지고 있는데 동의하고 있고, 주로 얼굴에서 감추어진 감정이나 손이나 발을 움직임을 통해 나타난다는 것이다.

또한 제스처는 아이디어나 의도 또는 느낌을 전달하는데 팔과 손, 머리, 다리 등의 움직임으로 여러 가지 표현을 통해 사람들에게 다양한 영향을 미친다. 이와 같이 제스처는 감정에 힘을 실어주고 언어적 메시지의 의미를 명확하게 해주며 특정 단어나 구절을 강조하는 기능을 하고, 청자의 집중도를 높여주는 역할을 한다. 이러한 제스처는 특히 면접에서도 효과를 발휘한다.

3. 사무실에서의 예절

1) 사무실에서의 기본예절

① 사무실에서의 직장예절

이른 출근으로 아침밥을 챙겨 먹지 못해서, 혹은 밤늦게까지 이어지는 야근을 조금이라도 줄여보려고 책상에서 식사를 하는 직장인들이 종종 있다. 개인이 혼자 업무를 보는 공간이면 괜찮지만, 여러 동료들이 함께하는 경우에는 음식 냄새가 퍼져 옆자리 동료를 불쾌하게 만든다. 뿐만 아니라 포장을 뜯는 소리, 음식을 씹고 삼키는 소리 등 귀에 거슬리는 소음으로 동료의 업무를 방해할 수 있다. 책상에서 음식을 먹는 행동은 주변인에게만 나쁜 영향을 미치는 것이 아니라 본인에게도 나쁜 영향을 미친다. 미국 애리조나 대학연구팀의 조사에 따르면 책상과 키보드, 마우스에는 화장실 변기의 400배에 달하는 세균이 검출되었다고 하니 내 건강을 위해서라도 책상에서 먹기보다 잠깐이라도 쉴 겸 라운지나 휴식 공간에서 먹고 돌아오는 것이 좋다.

② 가벼운 수다는 좋지만 목소리는 작게

사무실에서 일하다 보면 자리 주변의 동료와 이야기를 나눌 일이 많다. 업무와 관련된 내용일 수도 있고, 또는 서로의 사생활 등 가벼운 내용일 수도 있겠지만 이러한 의사소통은 업무와 사무실 내 인간관계에 있어서 꼭 필요하지만, 그 도가 지나치면 오히려 다른 사람들의 업무를 방해하는 요인이 될 수 있다. 평소 목소리가 큰 사람이라면 수다가 아닌 소음이 될 수 있으므로 특히 조심해야 한다.

[표 11-3] 사무실예절 체크리스트

항목	YES	NO
1. 사무실에서 음식을 자주 먹는다.		
2. 평소 음식을 먹을 때 소리를 낸다.		
3. 담배를 피운 후 냄새를 배지 않고 자리로 돌아온다.		
4. 주변 동료가 뭐 하는지 궁금해서 모니터를 훔쳐본 적이 있다.		
5. 다리를 떠는 습관이 있다.		
6. 생각에 잠기다 보면 나도 모르는 사이에 책상을 두드리는 등 소리를 낸다.		
7. 책상에 향이 강한 방향제나 향초가 있다.		
8. 동료가 자리를 비운 사이에 그 책상에서 사무용품을 가져온 적이 있다.		
9. 주변 동료와 친해 자주 자리에 앉아서 이야기를 나눈다.		
10. 휴게공간, 회의공간 등 공용공간을 사용한 후 뒷정리를 하지 않는다.		
11. 사무실 안에서 개인 통화를 하는 경우가 많다.		
12. 주 2회 이상 지각을 한다.		
13. 출근시간이나 점심시간을 잘 지키지 않는 편이다.		

• 출처: 예스폼 블로그

③ 자리 정리·정돈

지하철 화장실에서 많이 본 문구인 "아름다운 사람은 머문 자리도 아름답다."는 여러 상황에서 쓸 수 있는 말이다. 여러 사람이 함께 사용하는 사무실에서는 화장실 못지않게 뒷정리를 철저하게 해야 한다. 파티션을 사이에 두고 마주앉는 사무실인 경우 자신의 뒷자리는 동료가 지나가는 통로가 된다. 잠시 화장실에 다녀오는 동안 의자를 정리하지 않는다면 통로를 이용하는 동료가 직접 의자를 밀어 넣는 수고를 하게 된다. 또한 모두가 함께 사용하는 회의실에서는 뒷정리를 특히 더 신경 써야 한다. 자신이 앉은 의자는 꼭 제자리에 다시 넣어두고, 사용한 PC나 전자기기 등은 종료한 후 선 등을 정리해야 한다. 칠판을 사용한 경우에는 다음 회의실 사용자를 위해 깨끗하게 지우고, 회의실 내 비품을 사용한 경우에는 다시 제자리에 넣어두는 것이 좋다.

2) 직장에서의 인사예절

① 인사

인사는 자신을 알리는 수단이다. 동시에 나의 가치, 경쟁력을 높여 성공의 기회로 연결시킬 수도 있다. 매일매일 직장 생활을 유쾌하게 보내기 위해서는 존경심과 감사한 마음이 깃든 인사가 몸에 배어있는 생활을 해야 한다.

ㄱ 내가 먼저 인사를 한다. 그리고 인사는 누구에게나 한다.

ㄴ "부탁합니다", "감사합니다" 등 인사를 생활화한다. 단, 상사에게 '수고하셨습니다'는 잘못된 표현이다.

ㄷ 윗사람은 반드시 답례를 한다.

ㄹ 시선을 상대의 눈에 맞춘 다음 고개를 숙여 인사한다.

ㅁ 윗사람이 계단을 올라올 때는 벽 쪽에 붙어서 멈춘 다음 고개를 숙여 인사한다.

ㅂ 고개를 옆으로 돌리는 인사도 금물이다.

② 인사의 순서

내가 알고 있는 두 사람을 서로에게 소개하게 되는 경우가 종종 있다. 이럴 경우 가장 중요한 사람 > 외부인(or 손님) > 다수 > 연장자 > 여성 > 기혼자 순으로 인사하는 것이 맞다.

소개의 원칙은 다음과 같다.

㉠ 손윗사람에게 손아랫사람을 소개한다. 지위가 높은 사람에게 지위가 낮은 사람을, 연장자에게 연소자를, 선배에게 후배를 소개한다.

㉡ 이성 간에는 여성에게 남성을 소개한다.

㉢ 기혼자에게 미혼자를 소개한다.

㉣ 손님에게 집안사람을 소개한다.

㉤ 고객(외부인)에게 회사 동료를 소개한다.

㉥ 기혼 여성에게 남성을 소개하는 것이 원칙이나 왕, 대통령, 왕족, 성직자에게는 예외다.

㉦ 덜 중요한 사람을 더 중요한 사람에게 소개한다.

㉧ 한 사람을 다수에게 먼저 소개한다.

㉨ 10명이상 직위 성별이 혼합되어 있을 경우, 각자 자신에 대해 소개한다.

㉩ 지위나 나이가 비슷한 사람을 소개할 경우에는 소개하는 사람과 가까이 있는 사람부터 소개한다.

③ 인사의 방법

인사는 때와 상황에 따라 적절하게 진행하는 것이 중요하다. 상황별 인사 방법을 소개한다.

㉠직장에서 인사의 기본자세

• 45°로 상체를 굽히는 정중한 인사

• 30°로 상체를 굽히는 보통 인사

• 15°로 가볍게 머리만 숙이는 목례의 3가지가 있다.

㉡ 허리를 45°정도로 숙이는 정중한 인사

• 보통 부서장 이상의 상사가 출퇴근 할 때 인사하는 방법이다.

• 손님을 맞이할 때도 45°인사가 적당하다.

- 또한 고객을 전송하거나 상사가 퇴근할 때도 정중하게 인사한다.
- 남자는 인사를 차려 자세에서 주먹 안쪽을 바지 재봉선상에 가볍게 대고 허리에서 상체를 45°로 숙인다.
- 여성은 차려 자세에서 오른손의 엄지를 왼손의 엄지와 검지 사이에 끼워서 오른손이 왼손을 덮도록 하여 손이 겹쳐진 채로 하복부에 가볍게 대고 상체를 숙인다.
- 시선은 발에 약 1m앞에 떨어뜨린다.

ⓒ 허리를 30°정도로 숙이는 일반적인 인사

- 부서장 이하의 상사가 출퇴근 할 때, 동료 직원이 출근할 때, 상사에게 지시나 보고를 받을 경우, 복도 등에서 상사를 만났을 때에 하며 직장에서 가장 일반적으로 이용되는 인사방법이다.
- 앞의 45°인사와 같으며 상체만 30°로 숙이는 것이 다르다.

ⓔ 서서 15°정도로 숙이는 가벼운 인사

- 복도나 실내에서 상사, 동료, 부하직원을 만났을 때, 물건을 양손에 들고 있을 때 부득이하게 가볍게 목례를 한다.
- 두 번 이상 만났을 때, 작업 중일 때, 근무 중에 동료를 찾아가거나 찾아 왔을 때 하는 인사이다.
- 동료보다 먼저 퇴근할 때 등에 이용되는 인사의 자세이다.
- 가볍게 머리를 숙이는 눈인사로 남자는 차려 자세로, 여자는 손을 모아서 하복부쯤에 두고 밝은 표정으로 15°정도 굽힌다.

ⓜ 앉아서 15°정도 고개를 숙이는 목례

- 앉아서 일하는 도중이라거나 학교에서와 같이 자리에서 일어나기가 부득이할 때 하는 인사 방법이다.

Level up Mission 2

☎ 각 인사 상황을 정해서 파트너 혹은 팀원과 연습해 보자.

1. 인사의 순서 (소개 상황)
2. 정중한 인사
3. 일반적 인사
4. 가벼운 인사

학습평가 Quiz

1. 다음 중 괄호 안에 들어갈 말은 무엇인가?

> '인상(impression)'이란 어떤 사람이나 사물에 대해 총체적으로 요약된 평가를 말한다. 첫인상은 일단 형성되면 쉽게 바뀌지 않는다. 동일한 정보 세트라도 먼저 제시된 정보가 더 큰 힘을 발휘하는 것을 '(   )'라 하는데, 첫인상의 효과도 이것의 한 사례라 할 수 있다.

① 최신효과   ② 초두효과
③ 나비효과   ④ 낙수효과

2. 다음 중 사무실에서의 직장예절로 적절한 것은?

① 아침 정도는 책상에서 먹어도 괜찮다.
② 동료와의 이야기는 큰소리로 나눈다.
③ 사무실 책상은 퇴근 때 뒷정리를 한다.
④ 회의실 정리는 뒷사람에게 맡긴다

3. 다음 중 좋은 첫인상을 만드는 방법에 해당하지 않는 것은?

① 첫인상 중요성 깨닫기   ② 밝은 표정으로 시작하기
③ 부드러운 시선으로 바라보기   ④ 제스처는 지양하기

4. 다음 중 소개의 원칙에 해당하지 않는 것은?

① 손아랫사람에게 손윗사람을 소개한다.
② 이성 간에는 여성에게 남성을 소개한다.
③ 기혼자에게 미혼자를 소개한다.
④ 손님에게 집안 사람을 소개한다.

5. 다음 중 허리를 45°정도로 숙이는 정중한 인사로 옳지 않은 것은 무엇인가?

① 부서장 이상의 상사에게 인사에 적용   ② 고객 전송 상황에서 적용
③ 남자는 차려 자세를 유지   ④ 시선은 발 끝에 떨어뜨림

공동체윤리

학습내용 요약 Review

1. 일반적인 예절이 인간으로서의 자기 관리와 사회인으로서의 대인 관계를 원만히 이루어 나가기 위한 것임과 같이, 직장 예절은 직장인으로서의 자기 관리와 대인 관계를 공동의 목표 성취를 위한 방향으로 이루어 나가기 위한 것이다.

2. 좋은 첫인상을 만드는 방법은 첫인상 중요성 깨닫기, 표정으로 시작하기, 부드러운 시선으로 바라보기, 효과적인 제스처 사용하기가 있다.

3. 사무실에서는 상황에 맞는 기본예절을 숙지하고 실천해야 한다.

4. 인사는 자신을 알리는 수단이다. 동시에 나의 가치, 경쟁력을 높여 성공의 기회로 연결시킬 수도 있다. 매일매일 직장 생활을 유쾌하게 보내기 위해서는 존경심과 감사한 마음이 깃든 인사가 몸에 배어있는 생활을 해야 한다.

 스스로 적어보는 오늘 교육의 메모

직장예절 2
(전화&이메일, 생활 속 예절)

차례

학습목표

· 직장 생활 속 매너와 에티켓을 실천할 수 있다.
· 직장예절의 중요성에 대해 말할 수 있다.
· 병문안, 조문 등 생활 속 예절을 지켜 실천할 수 있다.

핵심단어

일, 직장예절, 매너, 에티켓, 전화, 이메일 예절, 공동체윤리

12
Chapter

들어가기

교육 서비스를 제공하는 E기업에서는 임직원이 모두 모여 자체 제작한 동영상을 관람하는 시간을 가졌다. 동영상의 주제는 '직장에서 지켜야 할 매너'로 외부 손님이 방문했을 때 응접하는 방법과 전화응대 매너 등 직장인이라면 기본적으로 알고 있어야 할 직장 내 매너와 에티켓에 관한 내용을 담고 있었다. E기업이 동영상까지 만들어 직원들에게 직장 내 매너와 에티켓을 강조한 것은 직장인이라면 누구나 잘 알고 있을 것이라 생각하지만 의외로 지켜지기 어려운 것이 바로 직장 내 매너와 에티켓이라는 점에 공감했기 때문이다. 공공장소에 있을 때 우리는 자연스럽게 '매너'와 '에티켓'을 떠올린다. 지하철에서 큰 소리로 장시간 통화를 하는 사람을 보거나 이어폰 없이 핸드폰으로 동영상을 시청하는 사람을 보면 '저 사람은 에티켓도 모르나' 하는 생각을 하게 된다. 여럿이 함께 하는 공공장소에서 매너나 에티켓을 지켜야 하는 것처럼 직장 내에서도 지켜야 할 매너와 에티켓이 존재한다. 직장에서 대부분의 시간을 보내는 직장인에게 직장 매너와 에티켓은 원만한 직장 생활을 위해 꼭 지켜야 할 필수요소라고 해도 과언이 아니다. 직장 내 에티켓과 관련한 설문조사를 살펴보면, 직장 에티켓 1위로 '공손한 언어 사용하기'가 꼽혔으며, '상대방을 무시하지 않기'와 '출퇴근 시 인사하기', '지각하지 않기', '업무시간에 사적인 일 하지 않기' 등의 응답이 많았다. 언뜻 보면 사소하게 느껴질 수 있는 일들이지만 또 사소하다고 생각하기 때문에 제대로 지켜지기가 어려운 일이기도 하다. A기업의 김승진 부장은 화장실에서 신입사원과 마주치게 되었는데 신입사원이 몸을 90도로 굽히며 큰소리로 인사해 다소 민망했던 적이 있다고 한다. 직장 생활에서 인사는 가장 중요한 기본 예의이지만 화장실에서는 가볍게 목례만 해도 된다. 이와는 반대로, K기업의 박오준 대리는 업무협조를 요청하기 위해 타 부서 직원과 이야기를 나누다가 자신이 무시당했다는 생각에 마음이 상한 적이 있다. 업무로 바쁜 것은 이해하지만 컴퓨터 모니터만 응시하면서 '알겠다'고 말했기 때문이다. '일이 바빠 그런 거니 이해해 주겠지'라고 생각할 수도 있겠지만 사소하게 넘겨버린 작은 일이 큰 갈등으로 이어질 수 있다는 점에서 주의가 필요하다. 편한 사이라고 해서 '형'이나 '언니'라는 호칭을 쓰는 것도 자제하는 것이 좋다. 특히 여직원들의 경우 '언니'라는 호칭을 쓸 때가 많은데, 사적인 자리에서는 큰 문제가 없지만 여러 사람이 함께 일하는 공간에서 이러한 호칭은 바람직하지 않으므로 '선배'라고 불러야 한다. 직장 내 매너와 에티켓은 인사 매너, 근무 매너, 대인관계 매너, 명함 매너, 통화 매너 등 각 상황에 따라 매우 다양하게 존재한다. 이러한 매너와 에티켓을 모두 다 숙지하기란 쉽지 않겠지만 적어도 기본적인 매너와 에티켓 정도는 지키도록 노력해야 한다. 매너와 에티켓은 회사에서 자신의 평판을 좌우하고 상대를 기분 좋게 만들어 줄 수 있는 큰 힘을 갖고 있다. 나의 매너와 에티켓 점수는 어떠한지 오늘 한번 스스로 생각해 보는 시간을 가져 보자.

출처: 천지일보. 2014.9.2

1. 직장 생활에서 첫인상의 중요성은 무엇인가?

2. 직장 생활에서 알아야 할 매너와 에티켓에는 무엇이 있는가?

3. 업무 중 주의해야 할 전화 및 이메일 예절에는 무엇이 있는가?

4. 결혼식, 병문안 시 주의해야 할 생활 속 예절에는 무엇이 있는가?

5. 장례식장 방문 시 지켜야 할 예절에는 무엇이 있는가?

1. 직장 생활 속 매너와 에티켓

1) 명함교환 예절

명함은 직장인의 얼굴이다. 명함교환 예절 및 보관 방법을 소개한다.

① 손아랫사람이 손윗사람에게 먼저 건넨다. (소개의 경우는 소개 받은 사람부터 먼저)
② 방문한 곳에서는 상대보다 먼저 명함을 건넨다. 명함은 선 자세로 교환하는 것이 예의다.
③ 명함을 내밀 때는 정중하게 인사를 하고 "~~의 ☆☆☆이라고 합니다"라고 회사명과 이름을 밝히면서 두 손으로, 상사와 함께 명함을 건넬 때는 상사가 건넨 다음에 건넨다.
④ 상대가 두 사람 이상일 때에는 윗사람에게 먼저 준다. 만약 상대가 먼저 명함을 주면 그것을 받은 다음에 자기의 명함을 준다.
⑤ 명함을 받을 경우 날짜, 만난 장소, 간단한 용건 등을 뒷면에 메모해 두면 훗날에 여러 가지로 참고가 된다.
⑥ 상대와 동시에 주고받는 것은 예의가 아니다. 혹시 상대가 먼저 주면 받은 뒤 자신의 명함을 건넨다.

2) 악수 방법

악수는 타인과 할 수 있는 최초의 당당한 스킨십으로 마음의 문을 열 수 있는 기회가 되기도 한다. 악수는 원칙적으로 특별한 경우를 제외하고는 반드시 오른손으로 한다. 악수를 할 때는 밝은 미소와 함께 자신감 있게 손을 내밀고 "만나서 반갑습니다" 또는 "말씀 많이 들었습니다. 만나 뵙게 되어 영광입니다"라는 가벼운 인사말을 나누는 것이 좋다.

①윗사람이 아랫사람에게 먼저 청한다.

②상급자가 하급자에게 먼저 청한다.

③여성이 남성에게 먼저 청한다.

④기혼자가 미혼자에게 먼저 청한다.

3) 호칭 방법

직장은 하루 중 가장 많은 시간을 보내는 곳이다. 직장에서 이루어지는 인간관계, 주고받는 말 한마디는 상대에게 많은 영향을 끼칠 수 있다. 직장에서 만나는 많은 사람들은 이해관계가 얽혀 있기 때문에 언어 예절은 더욱 조심스러워야 한다. 특히 대화에 있어서 호칭은 매우 중요하다. 상대를 부르는 호칭에는 상대를 어떻게 바라보고 어떻게 대하고 있는지가 그대로 드러난다.

① 상급자에 대한 올바른 호칭

• 연령고하를 막론하고 예우를 해야 한다.

• 직위 다음에는 '님' 호칭을 붙인다. (사장님, 이사님, 팀장님)

• 상사에게 자기를 지칭할 경우 '저' 또는 성과 직명을 사용한다. (이 대리입니다)

• 윗사람을 그보다 더 윗사람에게 말할 때

　예) "부장님, 과장님은 잠깐 외출했습니다."

　　▫ 평사원이 과장을 부장에게 말하는 경우 '님'을 붙이되 '께서'하는 존칭 조사는 생략하는 것이 적절하다.

② 하급자 또는 동급자에 대한 올바른 호칭

• 하급자나 동급자에 대해서는 성과 직위 또는 직명으로 호칭한다. (김 과장, 한 대리)

• 초면이나 선입자, 연장자일 경우 '님'을 붙이는 것이 상례이다.

• 하급자나 동급 간에 자기 호칭은 '나'를 사용한다.

• 동년배에게나 연하에게는 ○○ 씨 등으로 부르고 친근감이나 권위의식 때문에 반말하는 것은 삼가야 한다.

③ 틀리기 쉬운 호칭

• 상사에 대한 존칭은 호칭에만 쓴다. (사장님실 → 사장실)

• 문서에서는 상사의 존칭을 생략한다. (사장님 지시 → 사장 지시)

• 비즈니스에서는 '우리'라는 말 대신 '저희'라고 공손하게 표현한다.

2. 전화 & 이메일 예절

직장에서 걸려오는 전화에도 매너가 있다. 전화를 받을 때, 주변에 부재중인 자리의 전화가 울릴 때, 벨이 울릴 때 등 다양한 전화 수신 상황에서 적절한 대응이 필요하다. 구체적인 전화예절은 다음과 같다.

1) 직장에서 전화를 받을 때

• 벨이 울리면 2~3회 이내에 곧 왼손으로 받으며 메모지와 연필을 준비한다.

• 동료나 타 부서의 전화도 3회 이상 울리면 가까운 직원이 받도록 한다.

• 받았을 때에는 자신의 소속 회사명, 과(課), 이름을 말한다.

• 상대가 이름을 밝히지 않을 땐 상대를 확인한다.

• 신원확인 후에 적절히 인사를 한다.

• 용건을 물어 요점을 메모한다.

• 전화를 한 목적과 이유, 약속한 시간과 장소 등을 재차 확인하여 오해의 여지를 없앤다.

• 용무가 끝나면 용건과 어울릴 만한 내용으로 끝 인사를 한다.

• 상대가 전화를 끊고 난 다음 수화기를 조용히 내려놓는다.

・상급자나 외부전화의 경우 상대방이 전화기를 내려놓는 것을 확인한 뒤 수화기를 내려놓는 것이 예의다.

2) 다른 직장에 전화를 걸 때

・전화번호를 확인하고 다이얼을 정확히 누른다.
・상대가 전화를 받으면 또박또박 정확하게 자신을 소개한다.
・상대가 소속 부서나 이름을 밝히지 않으면 그쪽의 회사 이름이나 상대의 이름을 확인한다.
・자신이 통화하고자 하는 사람의 부서와 이름을 밝히고 연결을 부탁한다.
・통화상대가 나오면 용건을 말하기 전에 가벼운 인사를 하고 순서대로 용건을 말한다.
・다시 한번 자신의 용건을 확인하고 끝 인사를 한다.
・인사를 끝낸 후 약간이 사이를 두었다가 조용히 수화기를 내려놓는다.
・전화는 원칙적으로 건 쪽에서 먼저 끊는 것이 예의다.

3) 휴대전화 사용할 때

・회의 참석이나 상사의 지시를 받을 때는 무음으로 전환한다.
・주변 사람에게 방해가 되도록 큰소리로 이야기하지 않는다.
・사적인 대화는 가급적 조용한 장소로 이동해서 통화한다.
・사내에서 부재중인 동료의 휴대폰이 울릴 경우 옆 좌석 동료가 대신 전화를 받아 용건을 메모하여 전달한다. 개인 프라이버시 때문에 전화를 받기가 어려우면 휴대폰 소리만 진동으로 변경하거나 닫기 버튼을 눌러 소리를 차단한다.
・가급적 통화는 간단하게 하며 명료하게 하는 습관을 갖는다.
・사무실 근무 중에 직원에게 불쾌감을 줄 수 있는 사진촬영은 가급적 피한다.

사례

전화예절의 추천 멘트

[인사]

인사 멘트＋자기소개＋밝은 인사 "감사합니다. **전자 ◇◇팀 000 입니다."

[용건]

전화용건＋밝고 정중한 표현

[질문]

추가질문 유무확인＋2문장 종료인사 "다른 궁금하신 점은 없으십니까? 감사합니다."

[내 담당이 아닐 때]

"죄송합니다. 담당하시는 분 연결해 드리겠습니다. 끊어지면, 123–4567번으로 하시면 됩니다."

[부재중/외근중]

"잠시 자리를 비우셨습니다. / 외근 중이십니다. 메모 남겨드릴까요?"

---

4) 이메일 작성 예절

직장 생활에서 이메일은 중요한 커뮤니케이션과 보고 수단이다. 직장에서는 이메일을 보낼 때는 형식을 갖춰 정중하게 보내야 한다. 직장인이 알아야 할 이메일 작성 예절은 다음과 같다.

① 개인 메일과 업무용 메일의 구분

• 회사의 도메인이 들어간 메일은 업무용 메일로 사용한다.

자사 도메인이 없는 경우라면 가급적 업무용 메일을 만들어 구분하여 사용하도록 한다.

• 개인 메일과 업무용 메일은 아이디를 따로 구분하여 사용하는 것이 좋다.

② 업무용 이메일 아이디 만들 때 주의사항

• 길지 않게 4~10자 정도로 한다.

  너무 길면 상대방이 오타가 날 확률이 높아진다.

• 회사의 업무와 관련 있도록 작성한다.

  이메일 주소만으로 상대방의 소속을 알면 업무 속도가 빨라진다.

• 나만의 특색 있는 표현을 사용한다.

  이메일 주소도 명함처럼 나를 기억시키는 하나의 수단처럼 사용될 수 있다.

③ 업무용 이메일의 작성방법

• 간단 명료하게 작성한다.

  ▫ 업무 목적에 따라 가급적 두괄식으로 작성한다.

  ▫ 비즈니스에 적절한 단어와 용어를 사용한다.

  ▫ 상대방이 이해하기 쉽고 읽기 쉽게 작성한다.

  ▫ 중복된 표현은 지양하고 문장은 명확하게 작성한다.

  ▫ 긴 내용은 문단을 나누고 자세한 내용이 담긴 문서를 첨부파일로 보낸다.

  ▫ 첨부파일을 담을 때는 누락되지 않도록 주의한다.

• 메일 제목은 인사 또는 업무 성격이 나타나도록 한다.

  ▫ 메일을 처음 주고 받을 때는 본인의 소속을 밝히는 첫인사 정도를 제목으로 한다.

  ▫ 그 이후에는 전달하고자 하는 업무가 정확히 드러나는 제목으로 간결하게 작성한다.

   예) 처음 : 안녕하세요. **전자. ***사원입니다. 제휴 관련 문의드립니다.

        이후 : **전자 광고 비용 정산건

• 상단 및 하단 쓰기

  ▫ 상단은 본인과 수신자를 다시한번 확인하는 동시에 간단하고도 친근한 인사를 건
    네며 본론으로 들어간다.

   예) 안녕하세요. ○○○님. **전자 ***사원입니다.

  ▫ 하단은 마무리 인사와 함께 답장 여부 혹은 당부 내용을 포함한다.

  ▫ 서명을 추가하여 전달한다. 서명에는 본인의 메일 주소, 연락처 함께 본인 부서 및

소속, 주소지를 포함한다.

예) 답신이 필요 없을 때 : 특이사항이 없다면 따로 답변은 하지 않으셔도 됩니다.

　　답신을 원할 때 : '그럼 답변 부탁드립니다.' 정중히 요청

　　확인과 검토를 요청할 때 : '확인 부탁합니다.', '검토 부탁드립니다.'를 꼭 기입하기

• 내용 점검하기

　▫ 발송 전 내용에 잘못된 점이 없는지 확인한다.

　▫ 오탈자를 점검한다.

 사 례

헷갈리는 우리말

① 안 된다. / 않된다.
'않'은 '아니하–'의 줄임말입니다. '안'과 '않'이 헷갈리는 자리에는 직접 '아니하'를 풀어서 적용해보면 쉽게 판단할 수 있습니다.
예) 뛰면 안/않 된다. → 뛰면 아니하된다. (X)
　　숙제도 하지 안/않 고 → 숙제도 하지 아니하고 (O)

② 되다. / 돼다.
'돼'는 '되어'의 줄임말입니다. '되'와 '돼'가 헷갈리는 경우에는 쉽게 '하'와 '해'를 해당 단어에 넣어보면 자연스럽게 이어지는 옳은 말을 찾을 수 있습니다.
예) 선생님이 되다. → 선생님이 해다. (X)
　　울면 안 돼. → 울면 안 해. (O)

③ 웬 / 왠
'왠'은 '왜 그런지 모르게'의 줄임말입니다. 통상적으로 '웬'이 쓰일 수 있는 곳은 '웬 일이야?'뿐입니다.

④ 몇일 / 며칠
'몇일'은 없는 단어입니다. 모두 '며칠'로 쓰는 것이 맞습니다.

⑤ ~하든지 / ~하던지
'~하던'은 과거를 나타낼 때 쓰입니다. 그러므로 '하든지 말든지'등으로 표기하는 것이 바른 표기법입니다.

Level up Mission I

☎ 각 상황별 전화/이메일 상황을 정해서 파트너 혹은 팀원과 연습해 보자.

　1. 수신과 발신 상황
　2. 고객에게 보내는 이메일 작성하기

 3. 생활 속 예절

　직장 생활은 사무실에서뿐만 아니라 확장된 대인관계로 인해 직장 외에서도 만남이 이뤄지기도 한다. 이 때 각 장소별, 상황별 예절은 다음과 같다.

1) 착석 예절

- 일반적으로 출입구 반대편이 상석이다.

　직선방향으로 배치된 경우라면 오른쪽이 상석이 된다.

- 차를 탔을 경우 운전석의 대각선 뒷좌석이 상석이다.

　▫ 일반적으로 조수석이 말석이다.

　▫ 자가용의 차주가 직접 운전하는 경우는 조수석에 앉는 것이 매너이다.

　▫ 지프류의 차량은 조수석이 상석이다.

▫운전기사가 있는 경우는 운전자의 대각선 방향이 상석이며 그 다음이 운전자의 뒷좌석, 세 번째는 조수석 마지막이 뒷좌석 가운데 자리이다.

▫기차나 비행기는 창 옆이 상석이고 통로 쪽이 말석이다.

• 연장자 순으로 상석에 착석한다.

비슷한 경우에는 여성을 상석에 앉도록 한다.

2) 결혼 축하 예절

① 복장

• 여성: 밝은 색의 옷을 입어 결혼식 분위기를 살리되 어두운 계열의 코트나 재킷을 들고가 사진을 찍을 때는 아우터를 입어주면 좋다. 하얀색, 형광색의 자극적인 옷, 야한 옷차림은 피하는 것이 좋다.

• 남성: 짙은 회색 등의 정장에 밝은 와이셔츠, 너무 튀지 않는 넥타이를 선택한다. 트레이닝복, 모자, 반바지와 같은 지나치게 캐주얼한 옷차림은 예절에 어긋난다.

② 축의금

축의금은 개인의 사정과 신랑과 신부와 얼마나 친밀한 관계인가를 따져서 결정한다. 축의금 뒷면 아래쪽에는 축의금을 보내는 사람의 이름을 적고 봉하지 않아야 한다. 직장 동료 여러 명과 같이 간다면 축의금을 함께 모아 전달하기도 한다.

③ 기본예절

친한 사람들과 오랫만에 봤다는 반가움에 예식 도중에 큰 소리로 떠들거나 대화를 나누는 것은 예식 분위기를 어수선하게 만든다.

3) 병문안 예절

① 문병 시기

보통 보호자나 아주 친한 사이 혹은 입원 수속 등을 도와줄 사이가 아니라면 입원하고 바로 찾아가는 것은 좋지 않다.

제일 먼저 할 것은 가벼운 사고로 인한 입원인지, 큰 사고로 인한 장기 입원 인지 파악한 후 전자라면 퇴원하기 전에 날짜에 맞춰 찾아가면 되고 장기 입원의 경우 수술 후 어느 정도 회복이 되는 약 일주일 후에 찾아가는 것이 좋다.

직장인의 경우, 병원이 가깝다면 퇴근 후 그게 아니라면 휴일에 찾아가면 된다. 점심이나 저녁 식사 시간, 너무 늦은 시간은 피하는 것이 좋다.

② 문병 선물

기본적으로 작은 병에 든 과일주스 세트가 무난하다. 환자 혹은 다른 문병인이 찾아올 때 유용하게 쓰이기 때문, 그 외 과일, 두유, 영양음료, 환자가 좋아하는 음식 등도 괜찮다. 하지만 먹는 것에 제한이 있는 환자라면 유의해야 한다.

③ 그 외 예절

병실 안에 있는 화장실은 환자 전용이므로 되도록 복도에 있는 화장실을 이용하자. 또한, 1인실이나 보호자가 아닌 이상 병실에 오래 머무는 것은 다른 환자에게 민폐를 줄 수 있다. 1시간 안에 조용히 안부와 담소를 나누고 떠나는 것이 좋다.

4) 장례식장에서의 예절

① 복장

- 여성: 검은색 상, 하의가 무난하다. 스타킹이나 양말을 착용하여 맨발을 보이지 않는 것이 좋다.
- 남성: 검은색 또는 짙은 색 양복에 흰색 또는 무채색 와이셔츠가 무난하다.

② 조문 순서

빈소에 도착하면 부의록^(방명록)에 서명하고 상주에게 가볍게 목례한 뒤, 영정이 있는 곳에서 분향하거나 헌화를 한다.

분향할 경우 향을 오른손으로 집어 촛불에 불을 붙이면 되는데, 만약 향에 불이 붙으면

절대 입으로 불지 말고 손으로 끄든지 가볍게 좌우로 흔들어 꺼야 한다.

헌화를 한다면 꽃잎이 영정 쪽으로 향하도록 제단 위에 올려둔다.

절을 할 때는 영정을 향해 두 번 절하고 묵례 또는 반절만 한다. 이때 남성의 손은 왼손 위에 오른손을 포개고, 이와 반대로 여성은 오른손 위에 왼손을 포개고 절을 한다.

③ 조의금

최근에는 방명록에 서명하며 조의금을 전달하는 추세이다

④ 주의사항

상주에게 근황을 묻는 것과 호상이라고 말하는 것은 피해야 한다.

고인의 사망 원인에 대해 자세히 묻는 것, 건배를 하거나 인증샷 등을 찍는 것은 예의가 아니다.

 Level up Mission 2

☎ 착석, 결혼식 참석, 병문안, 장례식장 방문에서 있었던 생활 속 예절 에피소드나 자신의 경험을 정리한 후 팀원들과 공유해 보자.

학습평가 Quiz

1. 다음 중 직장 생활 속 매너와 에티켓에 해당하지 않는 것은?

　① 명함은 손아랫사람이 손윗사람에게 먼저 건넨다.
　② 악수는 윗사람이 아랫사람에게 먼저 청한다.
　③ 호칭시 하급자나 동급자에 대해서는 성과 직위 또는 직명으로 호칭한다.
　④ 명함 전달시 상대가 두 사람 이상일 때에는 아랫사람에게 먼저 준다.

2. 다음 중 전화 및 이메일 예절에 해당하지 않는 것은?

　① 전화벨은 울리자마자 신속하게 받는다.
　② 상대가 전화를 끊고 난 다음 수화기를 조용히 내려놓는다.
　③ 사적인 대화는 가급적 조용한 장소로 이동해서 통화한다.
　④ 개인메일과 업무용 메일을 구분하여 사용한다.

3. 다음 중 직장 생활 속 예절에 해당하는 것은?

　① 일반적으로 출입구 반대편이 말석이다.
　② 자가용의 차주가 직접 운전하는 경우는 조수석이 상석이 된다.
　③ 결혼식 참석에는 지나치게 캐주얼한 옷차림은 피한다.
　④ 기차나 비행기는 창 옆이 상석이고 통로 쪽이 말석이다.

4. 다음 중 병문안 예절에 해당하지 않는 것은?

　① 병문안은 입원 후 바로 찾아가지 않는다.
　② 병문안시 환자가 먹는 것에 제한이 있을 때는 음료 등 음식 선물에 유의한다.
　③ 병문안시 환자 전용의 화장실을 이용한다.
　④ 1시간 안에 조용히 담소를 나누고 떠나는 것이 좋다.

5. 다음 중 장례식 방문시 예절에 해당하지 않는 것은?

　① 복장은 검은색 또는 짙은 색으로 한다.
　② 분향시 향은 입으로 불어서 끈다.
　③ 영정을 향해 두 번 절한다.
　④ 고인의 사망 원인은 자세히 묻지 않는다.

학습내용 요약 Review

1. 직장 생활 속 매너와 에티켓 중에서는 명함교환, 상대방과의 악수, 호칭 등 상황에 대한 적합한
   예절을 숙지하고 실천하는 것이 중요하다.

2. 직장에서 걸려오는 전화에도 매너가 있다. 전화를 받을 때, 주변에 부재중인 자리의 전화가 울
   릴 때, 벨이 울릴 때 등 다양한 전화 수신 상황에서 적절한 대응이 필요하다.

3. 직장 생활에서 이메일은 중요한 커뮤니케이션과 보고 수단이다. 직장에서 이메일을 보낼 때는
   형식을 갖춰 정중하게 보내야 한다.

4. 직장 생활은 사무실에서뿐만 아니라 확장된 대인관계로 인해 직장 외에서도 만남이 이뤄지기
   도 한다. 착석, 결혼 축하, 병문안, 장례식장 등 다양한 상황에 따른 예절의 숙지가 필요하다.

 스스로 적어보는 오늘 교육의 메모

직장예절 3
(직장 내 괴롭힘, 성예절)

학습목표

· 직장 내 괴롭힘 현상을 인식하고 상호존중을 실천한다.
· 성예절을 숙지하고 실천한다.
· 성희롱 상황에서 적절하게 대처할 수 있다.
· 성인지 감수성을 인지하고 향상한다.

핵심단어

일, 직장 내 괴롭힘, 성예절, 성인지 감수성

13
Chapter

"야!" 밥먹듯 하면 '징계대상'...직장 내 괴롭힘 방지법 시행

오늘(2019.7.9.)부터 직장에서 관계상 우위를 악용해 타인에게 고통을 주는 행위를 금지하는 '직장 내 괴롭힘 금지법'이 시행된다. 직장 내 괴롭힘으로 인정된다고 해서 형사처벌이 당연히 따르는 것은 아니지만, 앞으로 모든 기업은 이를 예방하고 발생시 징계하기 위한 뚜렷한 체계를 갖춰야만 한다. 16일 고용노동부에 따르면 직장 내 괴롭힘을 금지하는 개정 근로기준법이 이날부터 시행에 들어간다.

개정법은 직장 내 괴롭힘을 "사용자 또는 근로자가 직장에서의 지위 또는 관계 등의 우위를 이용해 업무상 적정 범위를 넘어 다른 근로자에게 신체적, 정신적 고통을 주거나 근무 환경을 악화시키는 행위"로 규정한다.

상시 노동자 10인 이상 사업장은 이런 행위를 예방하고 이에 대해 징계를 내릴 수 있는 내용을 취업규칙에 반드시 포함해야 한다. 직원에게 불이익을 주는 취업규칙 변경이므로 노동자 과반수 동의를 구해야 한다.

이제부터 기업들은 직원 대다수의 공감을 살 수 있는 '직장 내 괴롭힘 근절' 취업규칙을 마련해야 하는 것이다. 만약 별도로 관련 규정을 만들어 노동부 장관에게 신고하지 않으면 과태료 500만원이 부과된다.개정법에 따르면, 이 취업규칙은 △금지되는 괴롭힘 행위 △예방교육 △괴롭힘 발생 시 조치 △피해자 보호 절차 △가해자 징계 조항 △재발방지 대책 등을 다뤄야 한다.◇가해자 '직접 처벌' 규정은 없어직장 내 괴롭힘을 한다고 해서 가해자에게 직접적인 처벌을 할 수 있는 조항은 개정 근로기준법에 포함돼 있지 않다. 단, 사용자는 직장 내 괴롭힘이 있었다는 신고를 접수하거나 사건을 인지했을 경우 지체 없이 사실 확인을 하는 조사에 착수해야 한다. 이어 괴롭힘이 사실로 드러나면 사용자는 피해자가 요청하는 근무지 변경, 유급휴가 등의 보호를 제공해야 한다. 반대로 가해자에게는 징계나 근무 장소 변경 등의 불이익 조치를 해야 한다. 이것이 흔히 괴롭힘 방지법을 설명할 때 언급하는 '처벌'이다. 또한 사용자는 괴롭힘 피해자나 신고자에게 불이익을 주면 안 된다. 개정법은 피해자나 신고자에 대한 보호 조치를 취업규칙에 의무화하도록 하고 있기 때문이다. 이를 위반할 경우 3년 이하 징역이나 3000만원 이하 벌금을 부과 받을 수 있다.

〈중략〉

시민단체 '직장갑질119' 관계자는 "이번 법 시행의 근본 취지는 직장 내 괴롭힘을 자체적으로 근절할 수 있는 기업문화 혁신"이라면서 "법 시행을 계기로 정부가 강력한 처벌 의사를 보인다면 직장 갑질이 기업 내부 시스템을 거쳐 자연스럽게 정화될 수 있다고 본다."고 말했다.

출처: 뉴스1. 2019.9.7.

1. 직장 내 괴롭힘은 무엇인가?

2. 직장 내 괴롭힘의 판단기준은 무엇인가?

3. 직장 내 성희롱 성립 요건은 무엇인가?

4. 직장 내 성희롱 유형에는 무엇이 있는가?

5. 성희롱 피해시 대처 방법은 무엇인가?

1. 직장 내 괴롭힘

　한 시민단체가 직장인들을 상대로 설문조사를 실시했을 때 약 45%가 직장에서 괴롭힘
을 경험한 적이 있다고 답변을 했다. 이것은 우리 사회에서 직장 내 괴롭힘이 결코 작은
것이 아니라는 것을 말해준다. 관련하여 2019년 7월 16일부터 직장 내 괴롭힘 방지법이
시행되었으며 근로기준법에 해당 내용이 추가되어서 개정이 되었다. 또한 산업안전보건
법과 산업재해보상보험법도 함께 관련된 내용을 추가하여 개정했는데 해당 사안과 관련
된 근로기준법에 개정된 주요 내용을 보면 "사용자 혹은 근로자는 직장에서의 지위, 관계
등의 우위를 이용해 업무상 적정 범위를 넘어 신체적, 정신적 고통을 주거나 근무환경을
악화시켜서는 안되고 누구든지 괴롭히는 일이 발생하는 것을 알게 되었을 때 그 사실을
사용자에게 신고해야 한다."고 나와 있다.

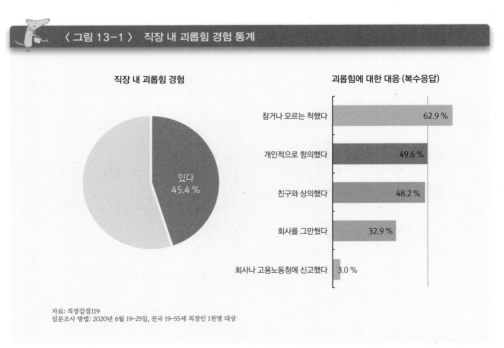

〈 그림 13-1 〉 직장 내 괴롭힘 경험 통계

직장 내 괴롭힘 경험

있다
45.4 %

괴롭힘에 대한 대응 (복수응답)

참거나 모르는 척했다 62.9 %
개인적으로 항의했다 49.6 %
친구와 상의했다 48.2 %
회사를 그만뒀다 32.9 %
회사나 고용노동청에 신고했다 3.0 %

자료: 직장갑질119
설문조사 방법: 2020년 6월 19-25일, 전국 19-55세 직장인 1천명 대상

• 출처: https://blog.naver.com/kcontents17/222022497582

1) 직장 내 괴롭힘의 정의

> 「근로기준법」 제76조의2
> 사용자 또는 근로자가 직장에서의 지위 또는 관계 등 우위를 이용해 업무상 적정 범위를 넘어 다른 근로자에게 신체, 정신적 고통을 주거나 근무 환경을 악화시키는 행위입니다.

2) 직장 내 괴롭힘의 판단기준

직장 내 괴롭힘은 당사자와의 관계, 장소 및 상황, 피해자 반응, 괴롭힘 기간, 내용 및 정도 등을 종합적으로 판단하고 구체적인 사정 참작하여 판단한다. 직장 내 괴롭힘은 '당사자 간의 관계, 행위가 행해진 장소 및 상황' 등 구체적인 사정이 종합적으로 고려되며 사업장뿐만 아니라 사내 메신저, SNS, 카카오톡 등 온라인 공간 또한 포함된다. 이때 가장 중요한 대처 방법은 피해를 입은 모든 기록을 확보하는 것이다.(이 때 확보된 통화녹취, 메일, 사진 등의 기록물은 증거로 인정받을 수 있다.)

직장 내 괴롭힘의 개념은 사용자 또는 근로자가 직장에서의 지위 또는 관계 등의 우위를 이용하여, 업무상 적정범위를 넘어 다른 근로자에게 신체적·정신적 고통을 주거나 근무 환경을 악화시키는 행위이다. 이러한 직장 내 괴롭힘에 해당하는지는 △당사자의 관계 △행위가 행해진 장소 및 상황 △행위에 대한 피해자의 명시적 또는 추정적인 반응의 내용 △행위의 내용 및 정도 △행위가 일회적 또는 단기간의 것인지 또는 계속적인 것인지 여부 등의 구체적인 사정을 참작하여 종합적으로 판단하여야 한다. 여기에 객관적으로 피해자와 같은 처지에 있는 일반적이고도 평균적인 사람의 입장에서 신체적·정신적 고통 또는 근무환경 악화가 발생할 수 있는 행위가 있고, 그로 인하여 피해자에게 신체적·정신적 고통 또는 근무환경의 악화라는 결과가 발생하였음이 인정되어야 한다. 직장 내 괴롭힘 개념을 토대로 주요 판단 기준은 행위자 측면과 행위 측면으로 나뉜다.

① 행위자 측면

사용자 뿐 아니라 근로자도 해당 법상 직장 내 괴롭힘의 행위자가 될 수 있다. 또 원칙

적으로는 한 직장에서의 사용자-근로자 사이, 근로자-근로자 사이에 발생한 경우에 적용된다.

② 행위 측면

직장 내 괴롭힘으로 인정되기 위해서는 문제되는 행위가 아래 세 가지 요소를 모두 충족시켜야 한다.

- 직장에서의 지위 또는 관계 등의 우위를 이용할 것
- 업무상 적정 범위를 넘을 것
- 신체적·정신적 고통을 주거나 근무환경을 악화시키는 행위일 것

한편, 괴롭힘 행위가 발생한 장소는 반드시 사업장 내부일 필요가 없으며, 사내 메신저나 사회관계망서비스(SNS) 등 온라인에서 발생한 경우에도 직장 내 괴롭힘에 해당할 수 있다.

3) 직장 내 괴롭힘 사례

아래에 열거된 행위들이 사업장의 취업규칙에 금지되는 행위로 규정되어 있는 상태에서, 해당 행위가 실제 발생하면 '직장 내 괴롭힘'의 개념 요건에 부합하는 지를 판단하게 된다.

- 정당한 이유 없이 업무 능력이나 성과를 인정하지 않거나 조롱함, 정당한 이유 없이 훈련, 승진, 보상, 일상적인 대우 등에서 차별함, 다른 근로자들과는 달리 특정 근로자에 대하여만 근로계약서 등에 명시되어 있지 않는 모두가 꺼리는 힘든 업무를 반복적으로 부여함
- 다른 근로자들과는 달리 특정 근로자의 일하거나 휴식하는 모습만을 지나치게 감시, 사적 심부름 등 개인적인 일상생활과 관련된 일을 하도록 지속적, 반복적으로 지시, 정당한 이유 없이 부서이동 또는 퇴사를 강요함
- 폭행, 협박, 지속적이고 반복적인 폭언 등
- 근로계약서 등에 명시되지 않은 허드렛일만 시키거나 일을 거의 주지 않는 것

- 의사와 상관없이 음주/흡연 회식 참여를 강요하는 것
- 집단 따돌림, 업무 수행과정에서의 의도적 배제 및 무시
- 신체적인 위협이나 폭력을 가하거나 욕설
- 정당한 이유 없이 업무 능력이나 성과를 인정하지 않거나 조롱

노동자 10명 이상 사업장 직장 내 괴롭힘 관한 취업규칙 작성은 필수다. 직장 내 괴롭힘 금지법 시행에 따라, 상시 10명 이상 노동자가 일하는 사업장이라면 아래 내용을 반영하여 취업규칙을 작성해야 한다. (근거 : 근로기준법 제 93조11항)

- 사내에서 금지되는 직장 내 괴롭힘 행위
- 직장 내 괴롭힘 예방교육 관련 사항
- 사건 처리 절차
- 피해자 보호 조치
- 행위자 제제
- 재발방지 조치 등

만약 직장 내 괴롭힘 관련 내용을 취업규칙에 반영하지 않으면 500만원 이하 과태료를 물게 된다.

 Level up Mission 1

🐾 직장 내 괴롭힘이 개인과 조직에 미칠 영향을 정리한 후 팀원들과 공유해 보자.

2. 성예절

1) 직장 내 성희롱의 정의

'직장 내 성희롱'이란 사업주·상급자 또는 근로자가 직장 내의 지위를 이용하거나 업무와 관련하여 다른 근로자에게 성적 언동 등으로 성적 굴욕감 또는 혐오감을 느끼게 하거나 성적 언동 또는 그 밖의 요구 등에 따르지 아니하였다는 이유로 근로조건 및 고용에서 불이익을 주는 것을 말한다. (근거 : 남녀고용평등과 일·가정 양립 지원에 관한 법률 제2조 2호)

2) 직장 내 성희롱 성립 요건

직장 내 성희롱이 성립되기 위해서는 ① 성희롱의 당사자 요건 ② 지위를 이용하거나 업무와의 관련성이 있을 것 ③ 성적인 언어나 행동, 또는 이를 조건으로 하는 행위일 것 ④ 고용상의 불이익을 초래하거나 성적 굴욕감을 유발하여 고용환경을 악화시키는 경우일 것을 들 수 있다.

① 성희롱의 당사자 요건

㉠ 가해자

• 남녀고용평등법상 가해자는 고용 및 근로조건에 관한 결정권한을 가지고 있는 사업주 직장 상사를 비롯하여 동료 근로자와 부하직원까지 포함되지만, 거래처 관계자나 고객 등 제 3자는 가해자의 범위에서 제외되고 있다.

• 한편, 남녀차별금지 및 구제에 관한 법률에서는 '성희롱'의 가해자 범위에 대하여 공공기관 종사자(예를 들면, 학교나 정부 각 부처 및 그 산하기관, 지방 행정기관의 공무원 및 일반직원 등) 뿐만 아니라 남녀고용평등법상 '직장 내 성희롱'의 가해자 범위에 포함될 수 없는 거래처 관계자나 고객도 '성희롱'의 가해자가 될 수 있다. 그리고 가해자 성별이 대부분 남성이지만 여성이 가해자가 될 수도 있다.

ⓛ 피해자

• 모든 남녀근로자는 직장 내 성희롱의 피해자가 될 수 있다. 대부분의 피해자는 여성 근로자이지만 남녀근로자(협력업체 및 파견근로자 포함) 모두 해당되며 현재 고용관계가 이루어지지 않았더라도 장래 고용관계를 예정하고 있는 모집, 채용과정의 채용 희망자(구직자)도 성희롱 피해자의 범위에 포함된다고 보고 있다. 그러나 고객과 거래처 직원은 '직장 내 성희롱' 피해자 범위에서 제외한다.

② 지위를 이용하거나 업무와의 관련성이 있을 것

• '지위를 이용하거나 업무와 관련성이 있을 것'이라는 요건 때문에 '성희롱' 또는 '직장 내 성희롱'이 단지 '직장 내'라는 장소에서 일어나야 한다는 것을 의미하는 것은 아니다. 예를 들어 업무와 관련한 출장으로 차 안에 있을 때, 전체 회식장소 등에서 발행하는 성희롱도 업무관련성이 있다고 볼 수 있다. 심지어 사적인 만남이라고 할지라도 업무를 빙자하여 상대방을 불러내는 등 업무와 관련성이 있다고 판단할 만한 요소가 있다면 '직장 내 성희롱' 또는 '성희롱'이라고 볼 수 있다.

3) 직장 내 성희롱의 유형

① 육체적 성희롱 행위

• 입맞춤, 포옹 또는 뒤에서 껴안는 등의 신체적 접촉 행위
• 가슴, 엉덩이 등 특정 신체부위를 만지는 행위
• 안마를 강요하는 행위

② 언어적 성희롱 행위

• 음란한 농담을 하거나 음탕하고 상스러운 이야기를 하는 행위(전화, 문자 SNS, 메신저, 이메일 등 포함)
• 임신, 출산, 피임, 생리현상 등과 관련하여 성적인 비유나 함의, 행위 묘사를 하는 행위
• 성적인 사실 관계를 묻거나 이야기하거나 성적인 내용의 정보를 퍼뜨리는 행위

③ 시각적 성희롱 행위

- 음란한 사진, 그림, 낙서, 출판물 등을 게시하거나 보여주는 행위(전화. 문자. SNS등을 이용하는 경우 포함)

- 자신의 특정 신체부위를 고의적으로 노출하거나 만지는 행위
- 상대방의 특정 신체부위를 음란한 시선으로 쳐다보는 행위

④ 기타 성희롱 행위

사회 통념상 성적 굴욕감 또는 혐오감을 느끼게 하는 것으로 인정되는 모든 행동은 성희롱에 해당될 수 있다.

- 원하지 않는 만남이나 교제를 강요하는 행위
- 거래처 접대를 해야 한다면 원치 않는 식사, 술자리 참석을 강요하거나 거래처 직원과의 만남을 강요하는 행위
- 보고 싶을 때마다 보려면 간직하고 있어야 한다며 사진을 보내라고 요구하는 행위

4) 직장 내 성희롱이 발생하는 경우 피해자가 가져야 할 인식과 태도

① 직장 내 성희롱은 행위자의 잘못이지 피해자의 탓이 아니라는 인식이 필요하다.

직장 내 성희롱 피해자는 피해를 당한 것을 자신의 탓으로 돌리려는 경향이 있다. 이로 인해 자책감, 모멸감, 고립감 등 심리적으로 부정적 상태에 빠지기 쉽다. 그러나 직장 내 성희롱은 가부장적, 권위주의적, 성차별적 조직문화에서 권력의 불균형에 의해 발생한 불법행위일 뿐 피해자의 잘못이 아니라는 점을 인식해야 한다.

② 직장 내 성희롱뿐만 아니라 직장 내 성희롱인지 여부가 애매한 언행에 대해서도 불쾌감을 느낀다면 문제제기를 하는 것이 바람직하다.

애매하거나 불분명할 경우 직장 내 성희롱인지 여부를 판단하기 어렵고 문제제기를 하는 경우 지나치게 예민하다는 비난을 받는 것이 두려워 주저하는 경우가 많다. 그러나 직장 내에서 반드시 직장 내 성희롱에 대해서만 문제제기를 할 수 있는 것은 아니다. 이런

경우 스스로 자신의 근로환경 확보를 위해 적극적으로 자신의 의사를 표시하고 문제를 제기하는 것이 바람직하다. 이는 더 심각한 직장 내 성희롱이 발생할 수 있는 위험을 예방할 수 있다.

③ 직장 내 성희롱은 피해자 인권을 침해하는 불법행위로서 기본적으로 법적 문제라는 점을 인식해야 한다.

직장 성희롱은 인격권과 노동권, 성적 자기결정권을 침해하는 불법행위이기 때문에 직장 내 성희롱은 법적 문제라는 점을 인식해야 한다. 물론, 상황에 따라서는 당사자 간 합의 등을 통해 적절한 해결을 할 수도 있지만 직장 내 성희롱은 기본적으로 헌법과 법률에 위반하는 행위이며 이는 적법하게 규율하고 근절해야 하는 문제라는 점을 인식해야 한다.

5) 직장 내 성희롱 발생 시 직장 내 제도와 절차를 이용한 대응방법

① 직장 내 성희롱 발생 시 어떻게 대처할 것인가?

직장 내 성희롱을 당하면 단호하게 거부의 의사표현을 한다.

성희롱 발생 당시 바로 의사 표현을 하지 못했더라도 빠른 시일 내에 그 행위에 대한 자신의 의사를 표현하는 것이 바람직하다.

직장 내 성희롱 행위의 정도와 제반 사정 등을 고려하여 어떠한 대응을 하는 것이 나에게 바람직한지에 대한 진지한 고민이 필요하다. 외부 전문기관에 상담해 보는 등 문제해결을 시도하는 것이 중요하다.

직장 내 성희롱을 당했다고 바로 사직하는 것은 바람직하지 않다. 우선, 직장 내 성희롱으로 인한 피해를 회복하는 것이 중요하며, 그 방법을 충분히 알아본 후에 결정해도 늦지 않다.

② 문제해결을 위해 어떤 방법을 선택할 것인가?

우선, 직장 내 성희롱 관련 법제도, 직장 내 규칙, 직장 내 성희롱인지 여부 등에 대해 전문적인 상담을 받아본다.

스스로에 대한 자책이나 회사 또는 타인에 대한 무조건적인 불신이나 의지는 문제해결에 도움이 되지 않는다. 문제해결을 위해서는 자신을 소중히 여기고 자신이 원하는 바에 집중하면서 외부로부터 어떤 도움을 받을 수 있는지를 적극적으로 생각하고 구해야 한다.

직장 내의 고충처리절차 등 직장 내 성희롱 문제 해결 절차를 숙지하고, 직장 내의 여직원회, 노동조합, 외부의 상담기관이나 법류지원단체 등을 찾아본 후 적절한 해결방법을 선택할 수 있도록 한다.

③ 증거수집

직장 내 성희롱 행위에 대한 직접 증거나 목격자가 있다면 증언을 확보한다. (행위 당시를 녹화한 영상, 녹음파일, 행위자가 보낸 메시지 등)

직접 증거나 목격자가 없는 경우 직장 내 성희롱 행위에 대해 피해자가 본인이 타인에게 그 사실을 전달한 사실이 있다면 그것에 대한 증거나 증언을 확보한다.

행위자를 직접 만나거나 전화로 직장 내 성희롱 행위에 대한 거부의사를 밝힌다. 이때 본인이 상대방과 하는 대화를 녹음하는 것은 법적으로 허용, 녹음내용은 추후 법적 분쟁이 있을 때 증거자료로 사용 가능하다.

행위자와 직접 만나는 것이 두렵다면 가족이나 친구 등 믿을만한 사람과 함께 만난다. 혹 대면이나 통화가 어렵다면 거부의사를 기재한 편지를 내용증명으로 보내거나 이메일을 등을 보낸다.

④ 직장 내 해결절차 이용

직장 내에 성희롱 구체절차 내지 고충처리절차가 마련되어 있다면 해당 기구 또는 담당자에게 신고한다. 직장 내 성희롱 해결 관련 기구나 담당자가 없는 경우에는 인사부서에 신고한다.

신고할 때에는 행위자의 행위에 대해 구체적으로 진술한다.

회사에 피해자 본인에 대한 보호조치 및 피해 구제를 위해 본인이 원하는 해결책을 요구한다.

해결 절차가 진행되는 동안 피해자가 행위자와 함께 근무하기 어렵다면 근무 장소 변경, 유급휴가를 회사에 요구하여 스스로를 보호한다.

3. 성인지 감수성

성인지 감수성(gender sensitivity)의 개념에 대한 합의된 정의는 아직 없지만 대체로 성별 간의 차이로 인한 일상생활 속에서의 차별과 유·불리함 또는 불균형을 인지하는 것을 말한다. 넓게는 성평등 의식과 실천 의지 그리고 성 인지력까지의 성 인지적 관점을 모두 포함한다. 이 말은 1995년 중국 베이징에서 열린 제4차 유엔여성대회에서 사용된 후 국제적으로 통용되기 시작했다. 국내에서는 2000년대 초반부터 정책 입안이나 공공예산 편성 기준 등으로 활용되기 시작했으며, 법조계에서는 성범죄 사건 등 관련 사건을 심리할 때 피해자가 처한 상황의 맥락과 눈높이에서 사건을 바라보고 이해해야 한다는 개념으로 사용되고 있다.

 Level up Mission 2

 하단의 성인지 감수성 체크리스트를 작성해보고 팀원들과 공유해보자.

[표 13-1] 성인지 점검 체크리스트

문항	매우 그렇다 (1)	그렇다 (2)	보통 (3)	그렇지 않다 (4)	전혀 그렇지 않다 (5)
1. 나는 평상시 직원들의 외모나 옷차림새에 대한 얘기를 가끔 하는 편이다.					
2. 술자리에서 가끔 성적 농담을 하는 직장 동료는 큰 문제라 아니라고 생각한다.					
3. 사소한 성적언동까지 직장 내 성희롱으로 문제를 제기하는 것은 조직문화를 경직되게 한다.					
4. 나는 직장 내 성희롱을 목격하거나 들었을 때 문제제기하거나 도움을 주는 등 나서지 않는다.					
5. 나는 직원들과 격려나 친밀감의 표시로 신체적 접촉을 자주 하는 편이다.					
6. 노출이 심한 옷을 입는 여성동료를 보면 직장 내 성희롱에 많이 노출될 것 같다.					
7. 직장 내 성희롱은 대부분 피해자가 제대로 대처하지 못해 발생하는 경우가 많다.					
8. 직장 내 성희롱 피해가 여성에게 많이 발생하는 이유는 여성이 지나치게 예민하거나 의사소통 기술에 문제가 있기 때문이다.					
9. 고객서비스 부서나 상담 부서의 경우 부드러운 분위기를 위해 여성 직원이 맡는 것이 더 적합하다.					
10. 나는 평상시 남자가~, 여자가~라는 말을 자주 하는 편이다.					
11. 나는 여성 직원에게 결혼이나 출산계획에 대해 가끔 물어보는 편이다.					
12. 직장에서 여성은 여성답게 남성은 남성답게 복장을 갖춰야 한다고 생각한다.					
13. 육아휴직을 사용하는 남성을 보면 승진을 포기한 사람이구나! 라는 생각이 든다.					
14. 우리 회사는 복사, 회식장소 예약, 동료 생일 챙기기 등 비업무적인 일은 여성들이 담당하고 있다.					
15. 우리 회사는 직원 화합을 위한 행사에서 남녀를 구분하여 참여하도록 기획한다.					
16. 나는 직장 내 성희롱 사건을 신고할 수 있는 직장 내 공식적, 비공식적 절차에 대해 잘 모른다.					
17. 우리 회사는 직장 내 성희롱 사건 당사자의 비밀 보호에 소홀하다.					
18. 평소 경영진과 관리자는 직장 내 성희롱예방에 대해 별 관심이 있다.					
19. 우리 회사는 직장 내 성희롱 행위자에 대해 징계 등 인사상 불이익 조치를 하더라도 피해자를 보호하지는 못할 것 같다.					
20. 우리 회사는 직장 내 성희롱 발생 시 정해진 절차를 준수하지 않는 편이다.					

• 성인지 감수성 점검 결과보기

각 문항은 다음과 같이 직장 내 성희롱 유발 관련 요소로 범주화할 수 있다. 각 범주별로 귀하가 체크한 응답의 점수를 평균 내어 보라.

[표 13-2] 성인지 감수성 결과표

문항번호	범주	평가
1번~8번	직장 내 성희롱에 대한 관대화 정도	이 문항의 평균점수가 5점에 가까울수록 귀하가 지장 내 성희롱에 관대하지 않은 것이다. 직장 내 성희롱에 관대하지 않는 개인과 회사에서 직장 내 성희롱이 발생할 가능성이 낮다.
9번~15번	성역할 고정관념	이 문항의 평균점수가 5점에 가까울수록 귀하는 성역할 고정관념을 가지고 있지 않은 것이다. 성역할 고정관념이 약할수록 성차별적, 성희롱적 언동을 할 가능성이 낮다.
16번~20번	직장 내 성희롱에 대한 제도화 정도	이 문항의 평균점수가 5점에 가까울수록 회사의 직장 내 성희롱 규율의 제도화가 잘 되어 있는 것이다. 직장 내 성희롱에 대한 규율이 잘 제도화되어 있을수록 직장 내 성희롱 발생 가능성이 낮다.

학습평가 Quiz

1. 다음 중 직장 내 괴롭힘의 판단 기준에 해당하지 않는 것은?

① 가해자 반응   ② 장소

③ 괴롭힘 기간   ④ 상황

2. 다음 중 성희롱의 성립 요건에 해당하지 않는 것은?

① 성희롱의 당사자 요건에 해당 될 것

② 지위를 이용하거나 업무와의 관련성이 없을 것

③ 성적인 언어나 행동, 또는 이를 조건으로 하는 행위일 것

④ 고용상의 불이익을 초래하거나 성적 굴욕감을 유발하여 고용환경을 악화시키
는 경우일 것

3. 다음 중 원하지 않는 만남이나 교제를 강요하는 행위에 해당하는 직장 내 성희롱의 유형은?

① 언어적 성희롱   ② 시각적 성희롱

③ 육체적 성희롱   ④ 기타 성희롱

4. 다음 중 빈칸에 해당하는 것은 무엇인가?

> (   )이란 성별 간의 차이로 인한 일상생활 속에서의 차별과 유·불리함 또는 불균
> 형을 인지하는 것을 말한다.

① 성 공감대   ② 성예절

③ 성 에티켓   ④ 성인지 감수성

5. 다음 중 직장 내 성희롱 발생시 직장 내 제도와 절차를 이용하는 방법으로 적절하지 않는 것은?

① 직장 내 성희롱을 당하면 단호하게 거부의 의사표현을 한다.

② 직장 내 성희롱 관련 법제도, 직장 내 규칙, 직장 내 성희롱인지 여부 등에 대해 전문적인 상담은 피한다.

③ 직장 내 성희롱 행위에 대한 직접 증거나 목격자가 있다면 증언을 확보한다.

④ 직장 내에 성희롱 구체절차 내지 고충처리절차가 마련되어 있다면 해당 기구 또는 담당자에게 신고한다.

학습내용 요약 Review

1. 직장 내 괴롭힘이란 사용자 또는 근로자가 직장에서의 지위 또는 관계 등 우위를 이용해 업무 상 적정 범위를 넘어 다른 근로자에게 신체, 정신적 고통을 주거나 근무 환경을 악화시키는 행 위를 말한다.

2. "직장 내 성희롱"이란 사업주·상급자 또는 근로자가 직장 내의 지위를 이용하거나 업무와 관 련하여 다른 근로자에게 성적 언동 등으로 성적굴욕감 또는 혐오감을 느끼게 하거나 성적 언 동 또는 그 밖의 요구 등에 따르지 아니하였다는 이유로 근로조건 및 고용에서 불이익을 주는 것을 말한다.

3. 직장 내 성희롱이 성립되기 위해서는 ① 성희롱의 당사자 요건 ② 지위를 이용하거나 업무와 의 관련성이 있을 것 ③ 성적인 언어나 행동, 또는 이를 조건으로 하는 행위일 것 ④ 고용상의 불이익을 초래하거나 성적 굴욕감을 유발하여 고용환경을 악화시키는 경우일 것을 들 수 있다.

4. 직장 내 성희롱 유형으로는 육체적, 언어적, 시각적, 기타 성희롱 행위가 있다.

5. 성인지 감수성(gender sensitivity)은 성별 간의 차이로 인한 일상생활 속에서의 차별과 유·불리함 또는 불균형을 인지하는 것을 말한다.

6. 성예절 개선을 위해서는 개인차원에 앞서 조직문화 개선을 위한 조직차원의 노력이 필요하다.

 스스로 적어보는 오늘 교육의 메모

☑ 체크리스트

직업기초능력으로서 직업윤리를 학습한 것을 토대로 다음 표를 이용하여 자신의 수준에 해당되는 칸에 체크해보자.

구분	문항	매우 미흡	미흡	보통	우수	매우 우수
직업 윤리	1. 나는 윤리적 인간이란 어떠한 사람을 말하는지 설명할 수 있다.	1	2	3	4	5
	2. 나는 윤리적 규범이 어떻게 형성되는지 설명할 수 있다.	1	2	3	4	5
	3. 나는 윤리의 의미를 설명할 수 있다.	1	2	3	4	5
	4. 나는 일과 인간의 삶의 관계를 설명할 수 있다.	1	2	3	4	5
	5. 나는 직업의 의미를 설명할 수 있다.	1	2	3	4	5
	6. 나는 우리 사회의 직업의식을 설명할 수 있다.	1	2	3	4	5
	7. 나는 개인윤리와 직업윤리의 관계를 설명할 수 있다.	1	2	3	4	5
	8. 나는 직업윤리의 의미를 설명할 수 있다.	1	2	3	4	5
	9. 나는 개인윤리와 직업윤리는 어떻게 조화되는지 설명할 수 있다.	1	2	3	4	5
근로 윤리	1. 나는 근면의 의미를 설명할 수 있다.	1	2	3	4	5
	2. 나는 근면의 종류를 설명할 수 있다.	1	2	3	4	5
	3. 나는 우리 사회의 근면성에 대해 설명할 수 있다.	1	2	3	4	5
	4. 나는 정직의 의미를 설명할 수 있다.	1	2	3	4	5
	5. 나는 우리 사회의 정직성 수준을 설명할 수 있다.	1	2	3	4	5
	6. 나는 부정청탁 및 금품 수수 금지에 대해 설명할 수 있다.	1	2	3	4	5

구분	문항	매우 미흡	미흡	보통	우수	매우 우수
근로 윤리	7. 나는 성실의 중요성을 설명할 수 있다.	1	2	3	4	5
	8. 나는 성실의 의미를 설명할 수 있다.	1	2	3	4	5
	9. 나는 우리 사회의 성실성에 대해 설명할 수 있다.	1	2	3	4	5
공동체 윤리	1. 나는 봉사의 의미를 설명할 수 있다.	1	2	3	4	5
	2. 나는 책임의 의미를 설명할 수 있다.	1	2	3	4	5
	3. 나는 기업의 사회적 책임의 의미를 설명할 수 있다.	1	2	3	4	5
	4. 나는 제조물 책임의 의미를 설명할 수 있다.	1	2	3	4	5
	5. 나는 준법의 의미를 설명할 수 있다.	1	2	3	4	5
	6. 나는 예절의 의미를 설명할 수 있다.	1	2	3	4	5
	7. 나는 일터에서의 예절을 설명할 수 있다.	1	2	3	4	5
	8. 나는 상호존중의 의미를 설명할 수 있다.	1	2	3	4	5
	9. 나는 직장 내 괴롭힘을 설명할 수 있다.	1	2	3	4	5

☑ 평가방법

체크리스트의 문항별로 자신이 체크한 결과를 아래 표에 적어보자.

학습모듈	점수		총점	총점 / 문항 수	교재 (Part)
직업윤리	1점 ×( )개			총점 / 9 = ( )	Part 2
	2점 ×( )개				
	3점 ×( )개				
	4점 ×( )개				
	5점 ×( )개				
근로윤리	1점 ×( )개			총점 / 9 = ( )	Part 3
	2점 ×( )개				
	3점 ×( )개				
	4점 ×( )개				
	5점 ×( )개				
공동체윤리	1점 ×( )개			총점 / 9 = ( )	Part 4
	2점 ×( )개				
	3점 ×( )개				
	4점 ×( )개				
	5점 ×( )개				

☑ 평가결과

확인결과가 '부족'인 학습자는 해당 학습모듈의 파트를 참조하여 다시 학습하십시오.

	3점 이상	3점 미만
모듈별 평균 점수	우수	부족

참고문헌

고용노동부(2019). ILO 일의 미래 보고서.

고용노동부(2019). 직장 내 괴롭힘 판단 및 예방 대응 매뉴얼.

국립국어원(2008). 표준국어대사전. 두산동아.

국민권익위원회(2006). 일과 윤리.

김한준(2013). 지방자치단체의 공공성과에 미치는 조직문화, 개인 및 조직수준 학습조직 변인간
　　의 구조적 관계.

나은영(2013). 행복 소통의 심리. 커뮤니케이션북스.

나이토 요시히토, 홍성민역(2009) 저 사람 왠지 좋다. 한국경제신문사.

서울대학교 교육연구소(1995). 교육학용어사전. 하우동설.

스티븐 M.R코비, 정병창,김경섭 역(2009). 신뢰의 속도. 김영사.

여성가족부(2018). 직장 내 성희롱·성폭력 사건처리 매뉴얼.

유수동(2019) 조직문화가 직무몰입에 미치는 영향에 관한 연구.

이무근(2003). 직업교육학 원론. 교육과학사.

이형국 외(2013). 한권으로 끝내는 경력개발과 취업전략. 한울출판사.

장희선(2015). 정직에 대한 개념 인식과 발달적 경향 연구.

잭웰치, 수지웰치. 김주현 역(2005). 위대한 승리. 청림출판.

제인 더컨 외, 윤원섭 역(2018). 포지티브 혁명. 매일경제신문사.

존 버드, 강세희 역(2016). 나에게 일이란 무엇인가?. 이후.

최애경(2018). 직업윤리와 기업윤리. 도서출판 청람.

한국산업인력공단. NCS직업기초능력 직업윤리 교수자용 워크북.

한국산업인력공단. NCS직업기초능력 직업윤리 학습자용 워크북.

한나아렌트, 김선욱 역(2006). 예루살렘의 아이히만. 한길사.

매거진

국민일보(2013.8.13.). [겨자씨] 무조건의 신뢰.

뉴스1(2019.9.7.). "야!" 밥먹듯 하면 '징계대상'... 직장내 괴롭힘 방지법 시행

법률신문(2020. 7. 27.). 국민 준법의식 높아졌지만 "법진행 불공평" 불만도 높다.

서울신문(2016. 4. 9.). 내 일에서 재미 찾고 의미 발견…내일 향한 '잡 크래프팅'.

연합뉴스(2014. 10. 1.). 신입사원이 갖춰야 할 역량 1위는 예절과 매너.

예스폼 블로그(2018). 사무실 근무자가 지켜야 할 예절.

울산매일(2019. 11. 6.). 신뢰의 중요성과 인간관계.

일의 미래(2018). 자동화 컴퓨터 그리고 미래 인적역량 수요.

일이란 무엇인가?(2019). Deloitte Review.

조선일보(2019. 9. 22.). 공유하라, 솔직하라, 권한은 마음껏, 대신 책임져라.

천지일보(2014. 9. 2.). 직장 내 매너와 에티켓의 중요성.

품질경영(2020. 11). NCS에 관한 8가지 오해와 그에 따른 진실.

한국경제(2015. 3). 직업윤리가 중요한 이유.

CIVIC뉴스(2020. 4. 6.). 코로나 사투 속에 돋보인 의료진 희생정신_한국사회의 가치관·직업윤리
　　　다시 봐야 할 때.

DBR(2019. 5). 일의 의미 매트릭스. 백수진. 272호.

OECD 보고서(2018).

사이트

https://www.ncs.go.kr/th01/TH-102-001-01.scdo

http://weeklybiz.chosun.com/site/data/html_dir/2020/03/29/2020032901716.html 무엇이 조직
　　　문화이고 무엇이 아닌가?

http://blog.daum.net/hahaha46/2345. 정직과 진실만이 성공의 비결.

https://blog.naver.com/naverlaw "믹스커피 훔치고 문제집 풀고" 직장인의 월루·소확횡, 해고사
　　　유될까?

https://blog.naver.com/kcontents17/222022497582. 직장 내 괴롭힘 설문조사

https://steptohealth.co.kr/5-habits-of-the-honest-people/ 정직한 사람들의 5가지 습관.

인성과 직업윤리

초판 1쇄 발행 2021년 3월 10일
초판 2쇄 발행 2022년 3월 2일

저 자   조 형 훈 · 양 팔 현
펴낸이   임 순 재
펴낸곳   (주)한올출판사
등 록   제11-403호
주 소   서울시 마포구 모래내로 83(성산동 한올빌딩 3층)
전 화   (02) 376-4298(대표)
팩 스   (02) 302-8073
홈페이지   www.hanol.co.kr
e-메일   hanol@hanol.co.kr
ISBN   979-11-6647-051-6